Susanne Günsch

Das Remida-Heft

verlag das netz
Weimar

Bitte richten Sie Ihre Wünsche, Kritiken und Fragen an:
verlag das netz
Redaktion Betrifft KINDER
Nummer 51
99441 Kiliansroda/Weimar
Telefon: +49 36453.7140
Telefax: +49 36453.71412
E-Mail: redaktion@verlagdasnetz.de

ISBN 978-3-86892-104-5

Lektorat: Erika Berthold
Fotos: Susanne Günsch
Gestaltung: Jens Klennert, Tania Miguez
Druck und Bindung: Förster & Borries Zwickau
Printed in Germany
Weitere Informationen finden Sie unter: www.verlagdasnetz.de

Inhalt

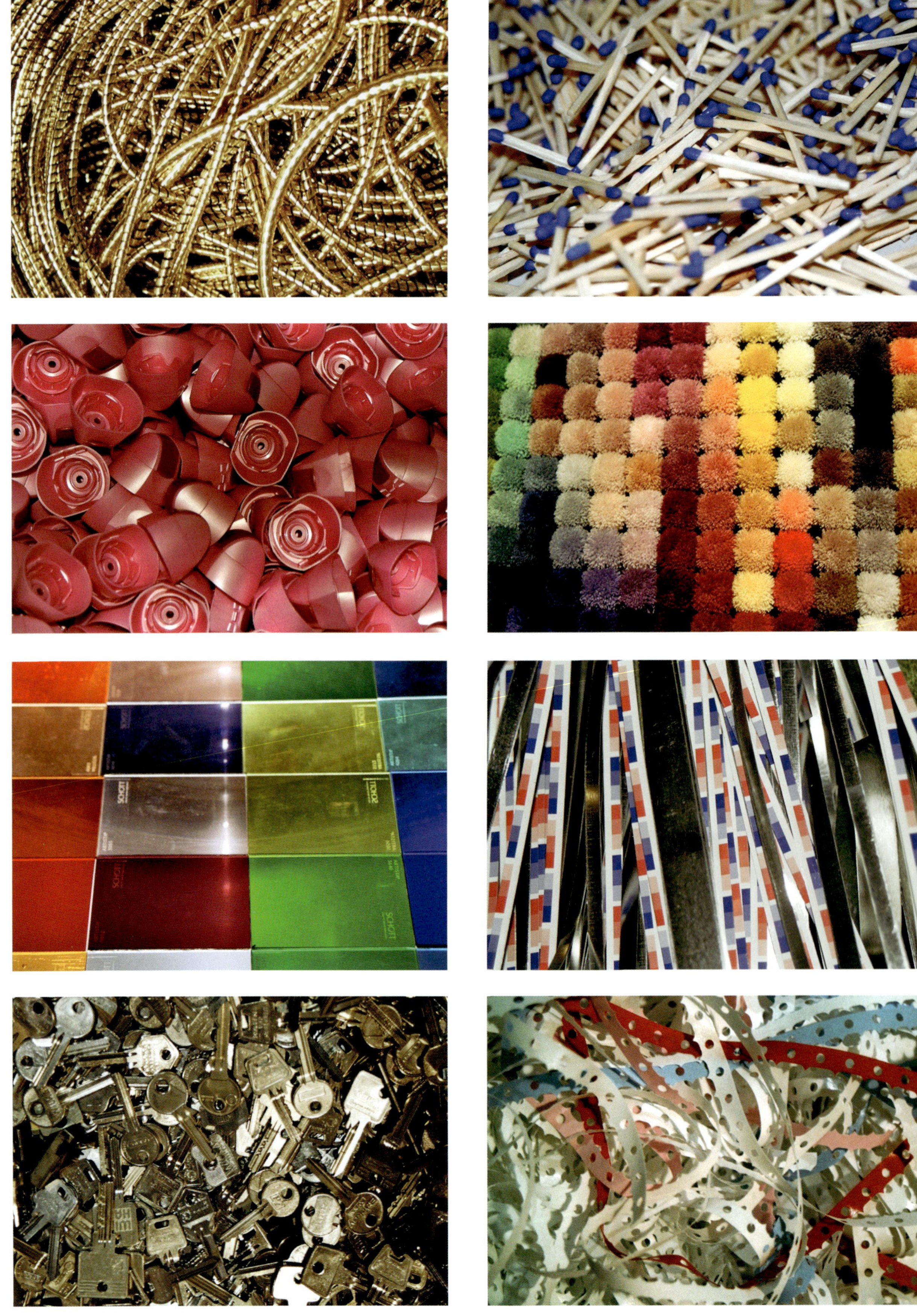
SCHOTT

Vorwort

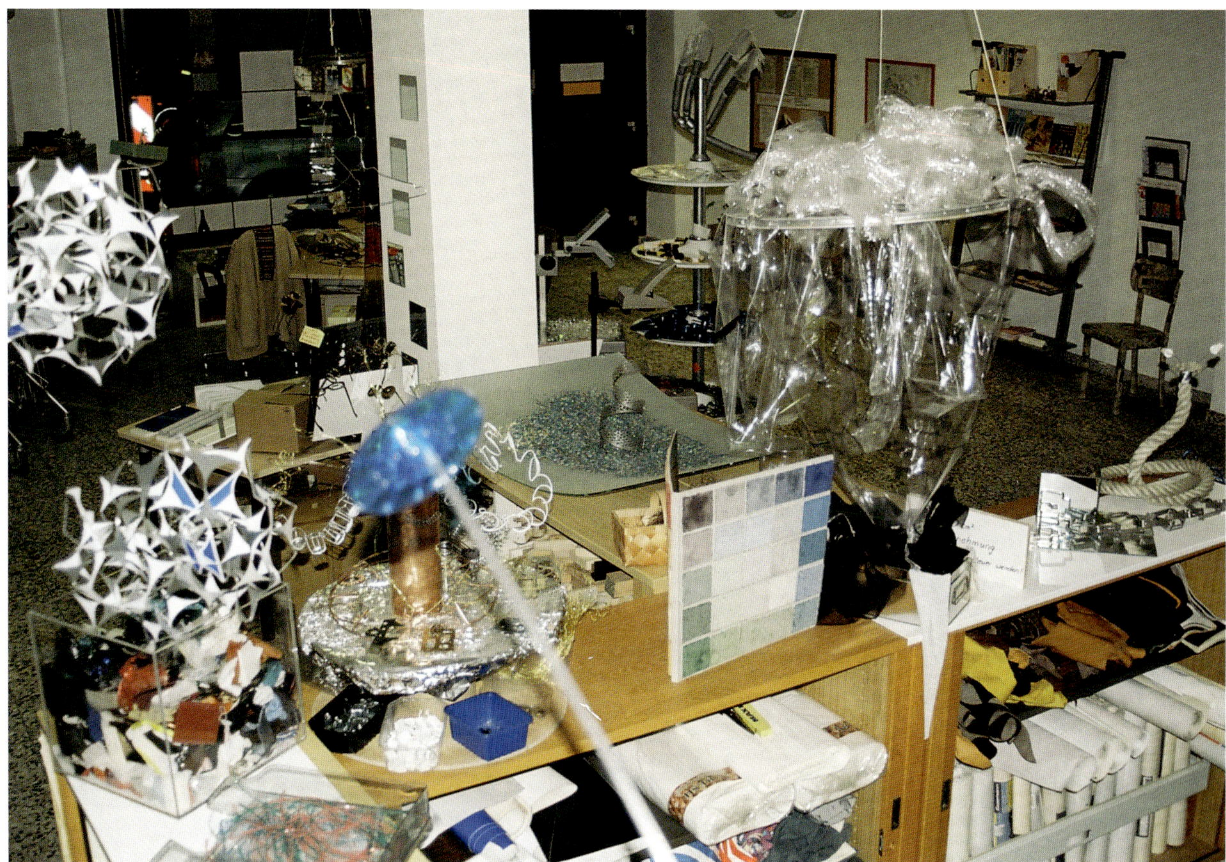

Wie kommt man eigentlich darauf, eine Remida zu gründen? Das werde ich oft gefragt.

Die Antwort ergibt sich aus meiner persönlichen und beruflichen Biografie. Als junge Erzieherin hatte ich 1988 das Vergnügen, die Ausstellung »Die hundert Sprachen der Kinder aus Reggio« in der Hamburger Markthalle zu sehen. Seitdem hat mich diese Bildungs- und Erziehungsphilosophie nie wieder losgelassen. Im Studium und später als Kita-Leiterin setzte ich mich weiter mit den elementaren Grundprinzipien der Reggio-Pädagogik auseinander.

»Man versteht die Reggio-Pädagogik nur, wenn man die Stadt versteht«, das ist einer der ersten Sätze, die man in Reggio Emilia zu hören bekommt. Er brachte mich dazu, mich mit Sozialmarketing zu beschäftigen und schließlich eine Fundraising-Ausbildung zu absolvieren.

Als mir eine Kollegin, die von einer Studienreise aus Reggio Emilia zurück kam, von der Remida berichtete, war ich fasziniert. Hatte ich doch als Kind am Werktisch meines Vaters immer wieder die Reste-Schublade aufgezogen und viele brauchbare Dinge gefunden. Mir war sofort klar: Eine Remida ist eine riesige Restekiste. Und: So etwas brauchen wir in Hamburg auch.

Allerdings hatte ich mir die Sache leichter vorgestellt: Die Firmen würden froh sein, dachte ich, wenn jemand ihren Abfall haben will, und Kita-Teams würden Schlange stehen, um diese Dinge abzuholen…

Seit fünf Jahren gibt es die Remida, das kreative Recycling Centro, nun in Hamburg. All meine Kompetenzen, die man auf die Gleichung »Reggiopädagogik + Fundraising = Remida« bringen könnte, halfen mir, die richtigen Baustellen zu beackern

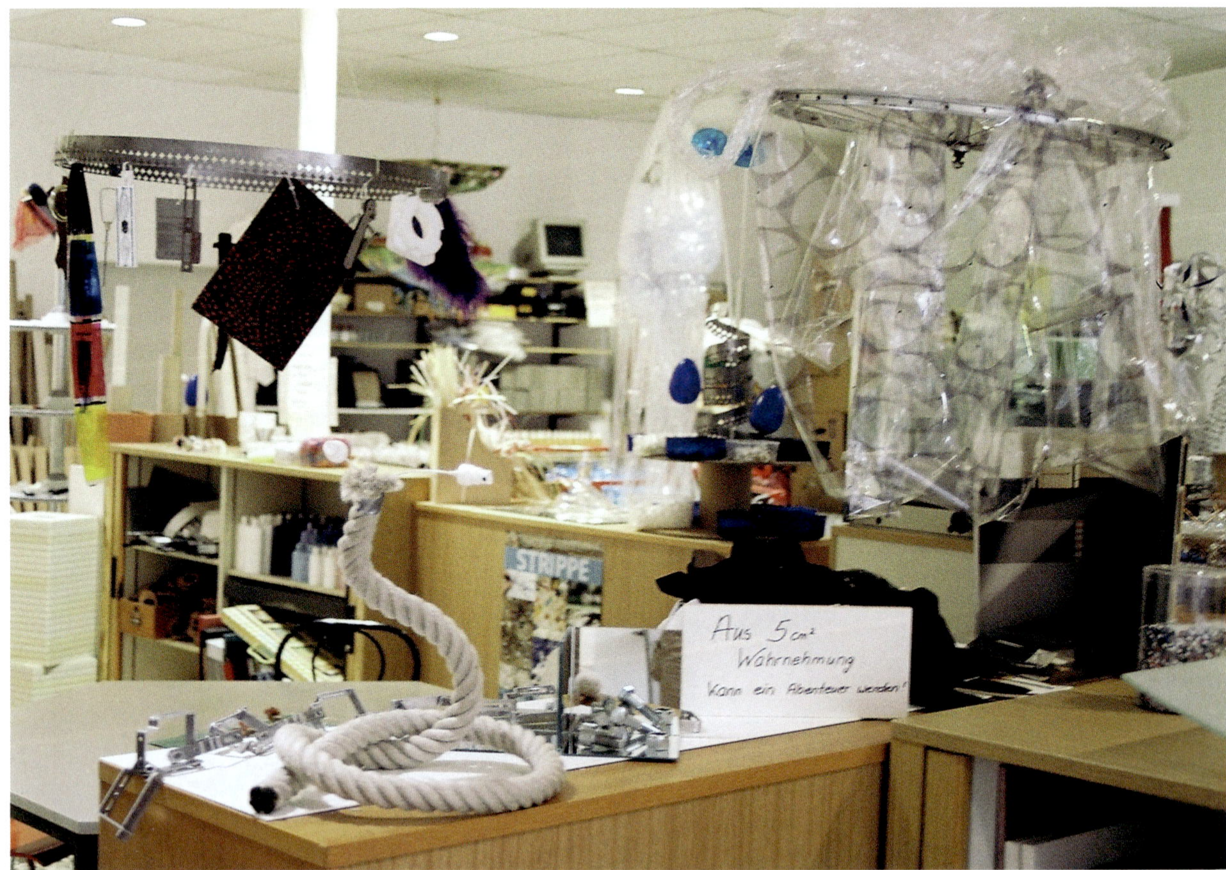

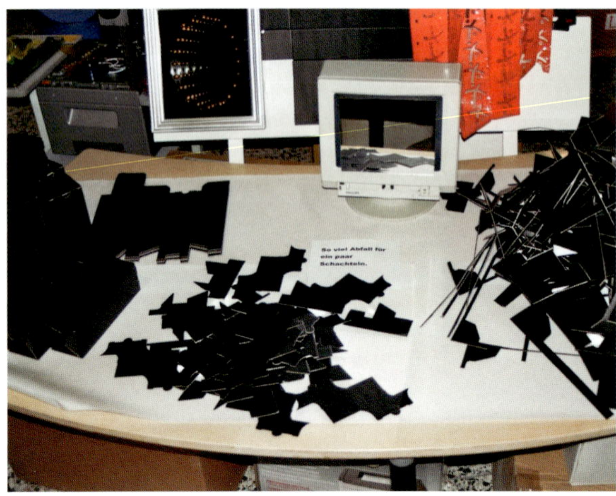

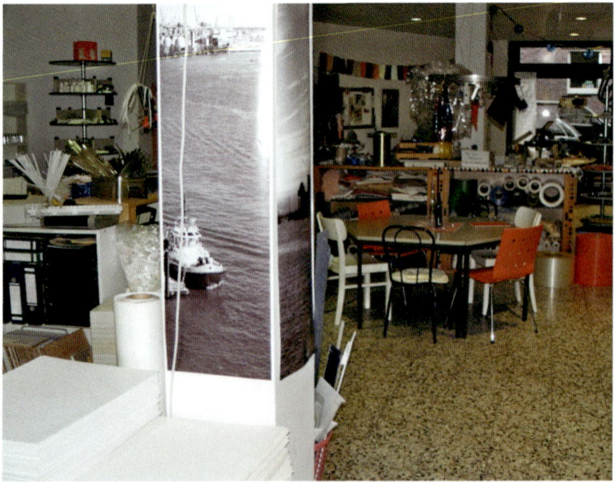

und die Remida-Entwicklung voranzutreiben. Eine gute Portion Glück gehörte auch dazu.

Mein besonderer Dank gilt Dagmar Arzenbacher, die mich gleich zu Beginn auf die Idee brachte, ein Remida-Heft zu schreiben. Doch für so ein Heft braucht man Geschichten, Eindrücke, Fotos und Zeit, denn all das muss sich erst mal ansammeln. Nun ist es vollbracht.

Das Remida-Heft soll Ihnen, liebe Leserin, lieber Leser, Einblicke in die Weite und Tiefe der Remida-Welt liefern – entstanden in Reggio Emilia und auch in Hamburg und anderen europäischen Städten präsent.

Susanne Günsch
September 2012

Der Ursprung der Idee

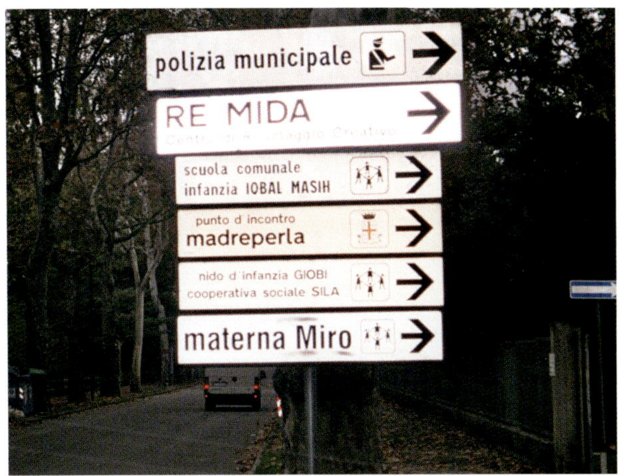

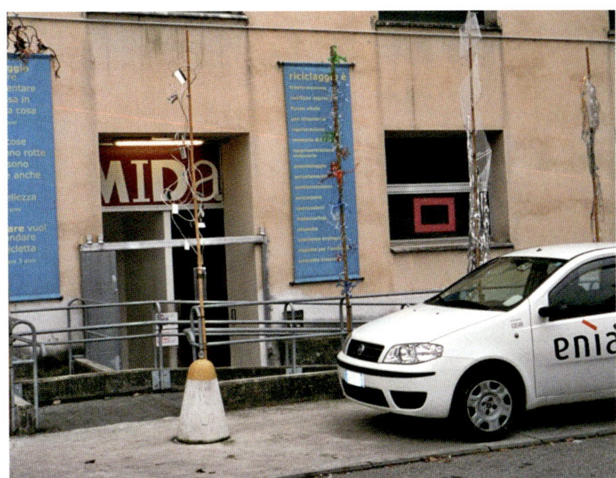

Reggio-Pädagogik – diesen Begriff hat manch einer schon gehört, etwas darüber gelesen oder sich sogar in der eigenen Kita an die Umsetzung dieser Idee gemacht. Dennoch ein paar Informationen über ihren Ursprung:

Reggio Emilia ist eine wunderschöne Stadt in Norditalien zwischen Parma und Modena. In dieser Stadt leben cirka 170.000 Einwohner, doch in der ganzen Emilia Romagna wird Erziehung als Gemeinschaftsaufgabe verstanden. Dies verdankt sich einer produktiven Koalition aus Wirtschaft und Sozialem, Bildung und Kultur, die sozialistische und antifaschistische Wurzeln hat.

Die Reggianer verstehen ihre Pädagogik als eine Erziehungsphilosophie, die wissenschaftliche Erkenntnis immer wieder anhand pädagogischer Praxis überprüft und eine Kindern zugewandte Haltung voraussetzt. Das unterscheidet sie von anderen pädagogischen Konzepten.

Die Teams der kommunalen Kitas in Reggio Emilia blicken auf mehr als 40 Jahre Erfahrung mit innovativer pädagogischer Praxis zurück. Ihre Kitas sind Orte des Lebens, des Lernens und der Kommunikation – Voraussetzungen für eine Kultur des Miteinanders beim Forschen, Experimentieren, Fantasieren, Erfinden und Philosophieren.

In der ästhetischen Bildung liegt der Schwerpunkt der Reggio-Pädagogik. Partizipation gilt als strukturelles, organisatorisches und pädagogisches Prinzip.

Auch die Remida – il Centro di Riciclaggio creativo, so die vollständige Bezeichnung – ist eine Erfindung aus Reggio Emilia und ohne das gute Zusammenspiel der beteiligten Kräfte nicht vorstellbar. Wissen und Ressourcen miteinander zu teilen, ein Bewusstsein für die Umwelt zu entwickeln – dies war der Nährboden, um die Remida zu erfinden. Sie wurde 1996 als Umwelt- und Recyclingprojekt von der Kommune, von Reggio Children und dem regionalen Ver- und Entsorgungsunternehmen Enía, heute Iren, entwickelt. Namensgeber war Sergio Spaggiari[1].

Was ist eine Remida?

Der Begriff »Remida« steht für die Idee, dass Materialien, die in Industrie, Handel, Handwerk und Gewerbe abfallen, wunderbare Ressourcen für kreativ-künstlerisches Arbeiten sind.

Firmen überlassen der Remida, ihre sauberen, ungiftigen Reste und Abfälle aus der Produktion, zum Beispiel Folienstreifen, Papierabschnitte, Stanzbleche, Papprollen, Musterbücher mit Bodenbelägen, Stoffen und Fliesen, Rohrabschnitte, Verpackungen, Tauenden, Flaschen, Verschlüsse und viele andere Dinge, die für den Müll-Container oder das konventionelle Recycling viel zu schade sind.
In der Remida werden sie anregend präsentiert.
Soziale Einrichtungen wie Kitas oder Schulen und Kulturprojekte suchen sich die Dinge für ihre Arbeit mit den Kindern und Jugendlichen aus.

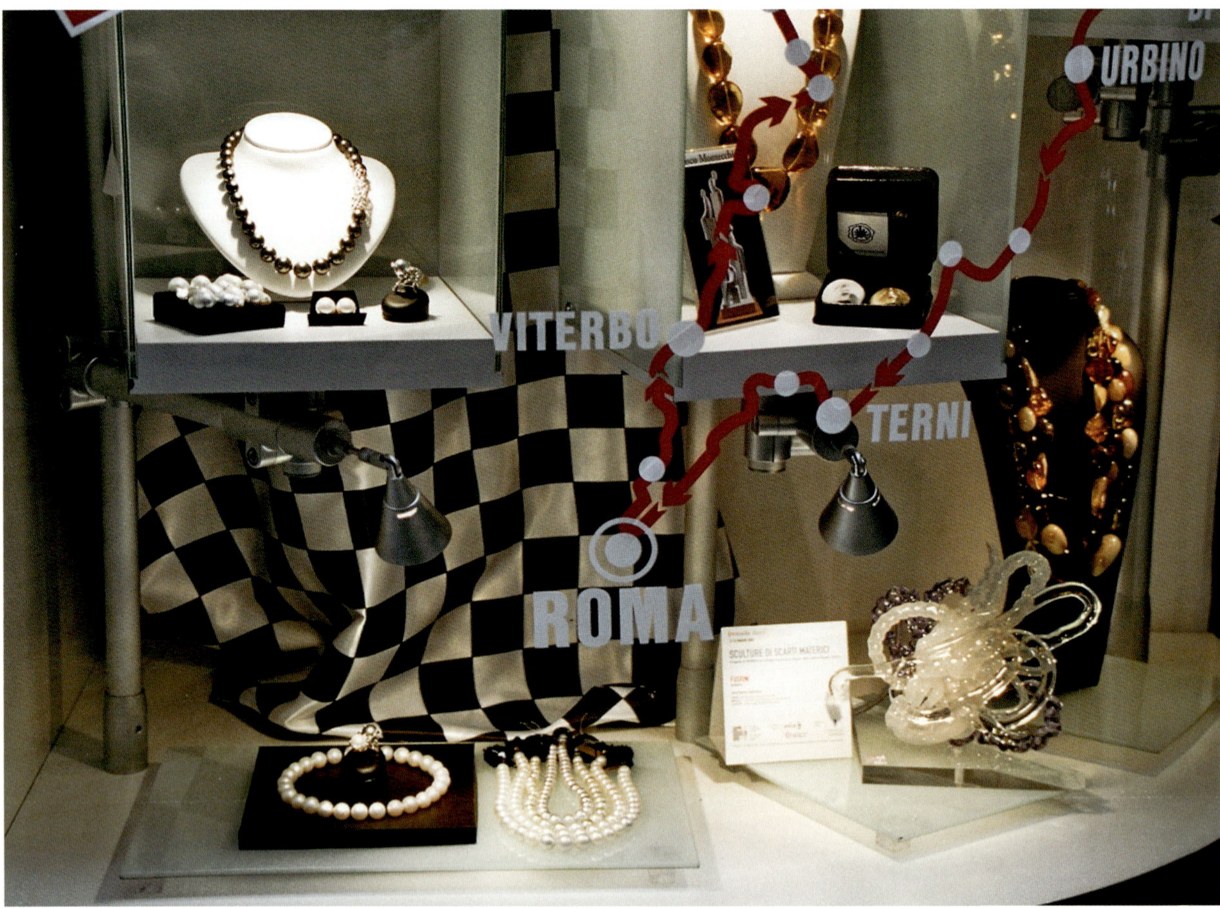

> **Wenn eine Idee nicht zuerst absurd erscheint, taugt sie nichts.**
>
> **Albert Einstein**

Die Remida weckt das Bewusstsein für Materialreichtum und seine kreative Verwendung. Sie fordert zum Neuentdecken und Zweckentfremden heraus. Darüber hinaus veranstaltet sie Ausstellungen, bietet Literatur, Workshops oder Seminare an und steht für Kreativität, Bildung und Nachhaltigkeit.

Im Jahre 2007 fand in Reggio eine Internationale Remida-Konferenz anlässlich des 10. Geburtstags der Remida statt. »Die Herausforderung des kreativen Recyclings« war das Motto der Konferenz; es ging um Nachhaltigkeit und Kultur, um Bildung und Philosophie, um Wirtschaft und Soziales, um Spiel und Wissenschaft. In Vorträgen der Kooperationspartner wurden die verschiedenen Fassetten des Mottos deutlich. Dabei wurde auch klar: Ein Kita-Keller voller kostenloser Materialien ist keine Remida.

Vertreter der Kommune, von Enía und Reggio Children berichteten über ihre Erfahrungen mit der Remida. Umwelt und Recycling standen ebenso im Fokus wie kreative Ressourcenverwendung und die künstlerische Verbindung von Abfall und Ästhetik. Das Podium der Konferenz war mit Plastikteilchen geschmückt – sonderbar, aber wunderschön. Später stellte sich heraus: Die lila-farbenen transparenten Teilchen kamen aus der Kunststoffproduktion. Es waren Tropfreste, die auf dem Boden fallen, wenn die Maschinen ausgestellt werden. Eines dieser Teilchen stand am Remida Day beim Juwelier im Schaufenster – zwischen Perlenketten und Goldschmuck.

Der Remida Day

Jedes Jahr im Mai findet der Remida Day in Reggio statt. In hundert Sprachen feiert die Stadt die Kultur des Abfalls mit Musik, Theater, Tanz und Literatur. Anfangs versammelte man sich im Stadtzentrum, um der Bevölkerung die Idee nahezubringen. Das Buch »Remida Day«, eine Dokumentation aus den ersten Jahren, zeigt die wunderbare Vielfalt der

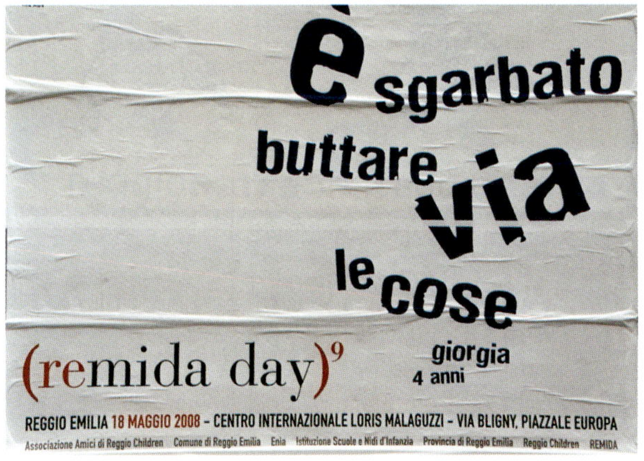

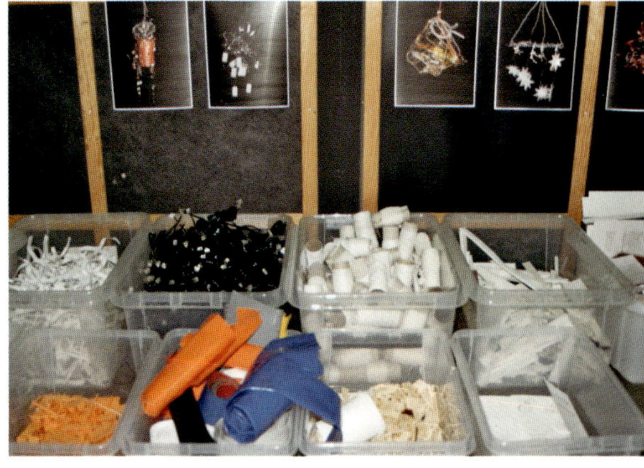

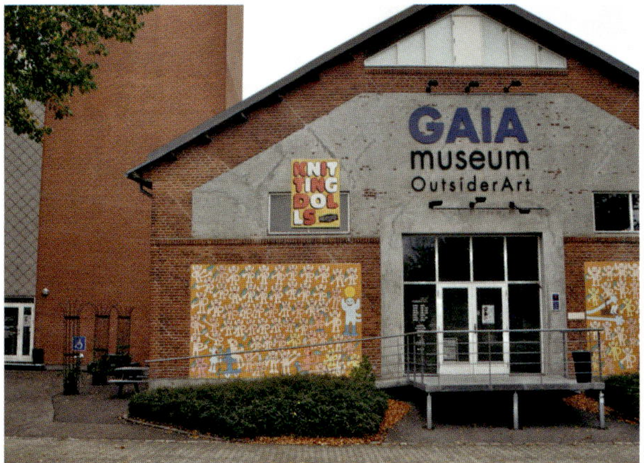

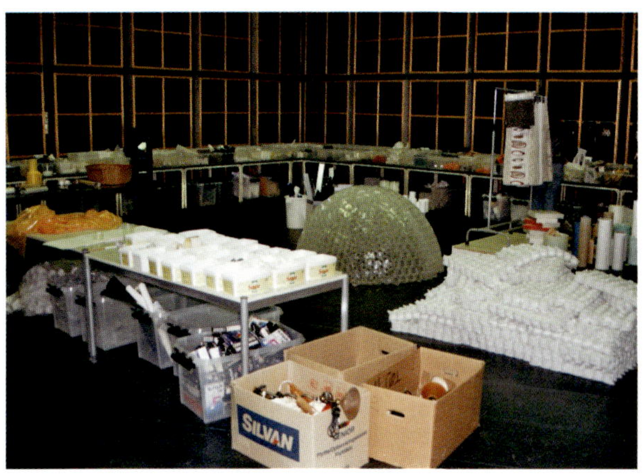

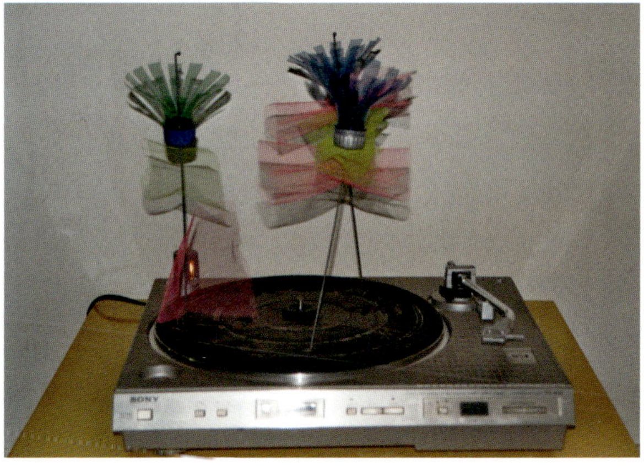

Aktionen: Balletttänzerinnen mit Bahnen aus Stoffresten, der 500 Meter lange Re-Chok-Cake[2], die Schrott-Percussion, die Material-Totems...

Von Jahr zu Jahr ändert sich das Programm. Mal entsteht eine Schaufenstergalerie, mal gibt es einen Flohmarkt, Lesungen finden statt und große Gemeinschaftsaktionen. Mal werden die Materialien in einer Fabrikhalle zusammen mit einem Remida-Lab präsentiert, das Besucher zur Auseinandersetzung mit den Dingen einlädt, zum Beispiel zum Besticken von Folien mit farbigem Garn. Mal wird an verschiedenen Orten der Stadt mit Recycling-Materialien gestrickt – in den Farben Rot, Weiß und Grün –, und alle gestrickten Teile vereinen sich am Ende zu einer riesigen Nationalflagge.

Darüber hinaus bieten die Remida Days Gelegenheiten zum Netzwerken. Dabei zeigt sich immer wieder, wie eng Kultur und Bildung verknüpft sind und wie die Kräfte des Gemeinwesens zusammenwirken.

Inzwischen gibt es ein internationales Remida-Netzwerk. Ihm gehören auch die 2007 in Hamburg gegründete Remida und die Frankfurter Remida an. Ein Erfahrungsaustausch besteht zwischen der Hamburger Remida und der Remida im dänischen Randers. Sie ist im Magazinraum eines Museums untergebracht und erhält eine Teil-Finanzierung von der Kommune.

2010 war ich mit einem Kita-Team dort. Karin Eskesen und ihre Kollegin stellten uns ihre Arbeit vor. 2011 kam das Team aus Randers zu Besuch nach Hamburg. Themen des Austauschs waren unter anderem die Kooperation mit Firmen und die Erfahrungen in den Kitas.

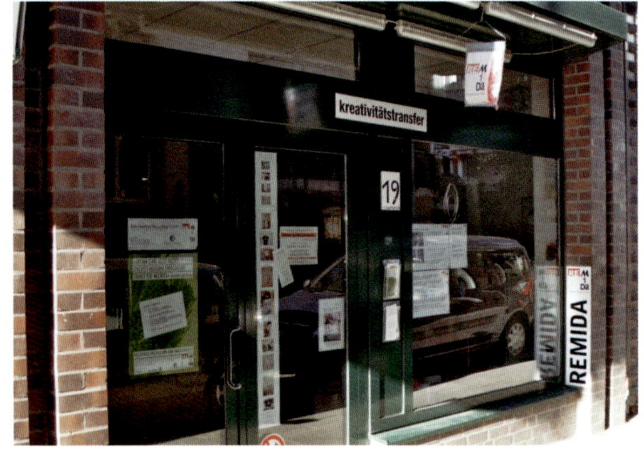

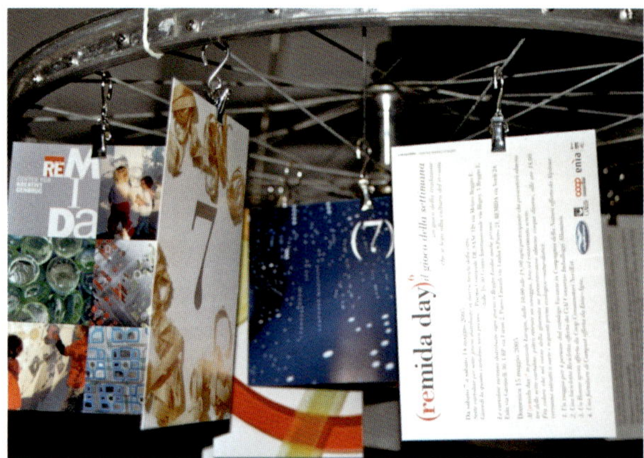

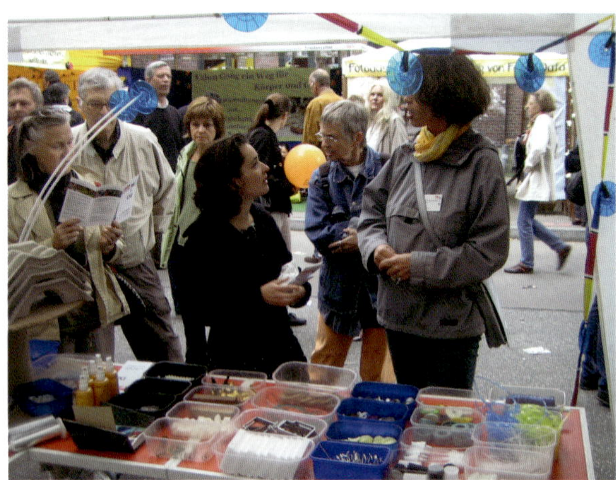

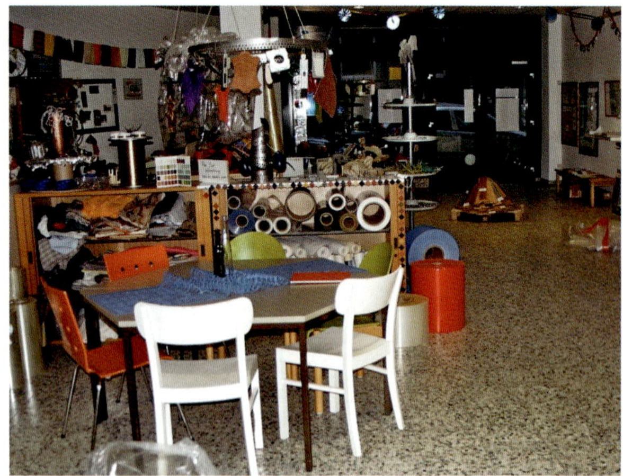

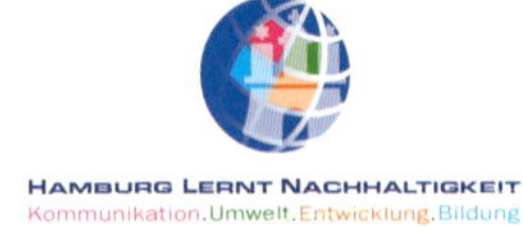

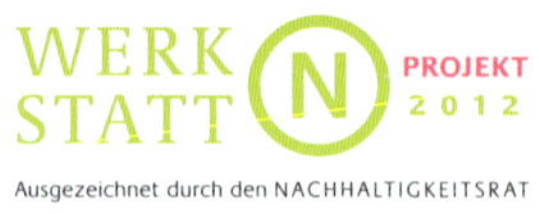

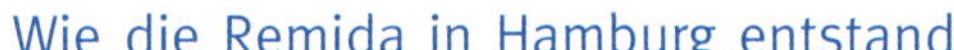

Wie die Remida in Hamburg entstand

2007: Präsentation der Remida-Idee in Form einer Mini-Remida auf der Altonale, einem kulturellen Stadtteilfest in Hamburg. Die Präsentation regt Besucher an, uns eine Ladenfläche anzubieten, uns Mobiliar und Materialien zu überlassen. Im Herbst dieses Jahres wird die Remida Realität.

2008: Die Remida erreicht mit ihrem Materialangebot viele Kitas und Schulen. Sie gewinnt etliche Firmen – vom Handwerksbetrieb bis zum DAX-Unternehmen –, ihre Produktionsreste zur Verfügung zu stellen.

2009: Die Remida wächst und zieht Besucher aus ganz Deutschland an. Sie wird Veranstaltungsort für Workshops und Seminare und nach dem Qualifizierungsworkshop in Reggio Teil des internationalen Remida-Netzwerks. Förderer und Sponsoren stellen sich ein.

2010: Die Remida ist ein Projekt im Aktionsplan »Hamburg lernt Nachhaltigkeit« und wird mit dem Altonaer Nachhaltigkeitspreis ausgezeichnet.

2011: Die Remida gewinnt Kooperationspartner, zum Beispiel für den Materialtransport, und tritt in Austausch mit der dänischen Remida in Randers. Im Rahmen von »Umwelthauptstadt Hamburg« finden in der Remida Aktionen statt. Sie nimmt an der »Ideen-Initiative Zukunft« der dm-Drogeriemarktkette teil.

2012: Die Remida wird vom deutschen Nachhaltigkeitsrat mit dem »Werkstatt N Qualitätssiegel« ausgezeichnet. Fünf Jahre nach der Geburt auf der Altonale erlebt die Remida dort als Kooperationspartner auf der Grünen Meile ihren ersten »Kleinen Remida Day«.

Ziele der Remida

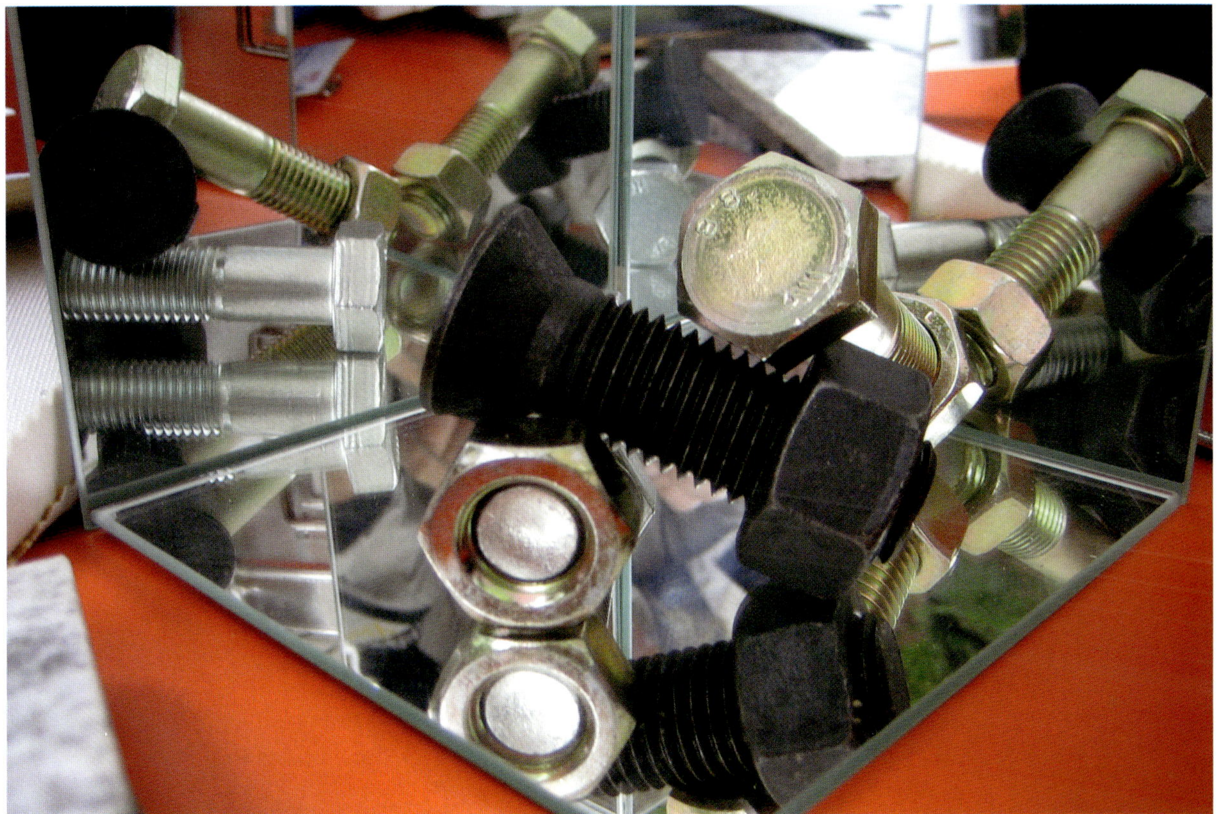

Die Ziele der Remida sind Bildung, Kreativität und Nachhaltigkeit. Oder – wie die Reggianer sagen: 4R (Riduzione, Riuso, Raccolta, Riciclo) = P (Projekt)[3].

Bildung

Für ihre Bildungsprozesse und die Auseinandersetzung mit der Welt brauchen Kindern echte Materialien, nicht nur Spielzeug. Sie brauchen reale Dinge, die sie gestalten und aus denen sie etwas entwickeln können – kurz: die ihrem Forscherdrang gewachsen sind.

Immer mehr Kita-Teams richten Lernwerkstätten ein, um Kindern Gelegenheiten zu bieten, selbst zu forschen und Zusammenhänge zu erkunden. Die Remida unterstützt diese Aktivitäten.

Die Präsentation des Materials bringt die Schönheit der Dinge zum Ausdruck. Die Menge des Materials fördert die Lust, Ideen umzusetzen und dabei auf naturwissenschaftliche Erkenntnisse zu kommen. Fragen zu Materialeigenschaften, zu Herstellungsweisen und zum Ursprung der Dinge stellen sich wie von selbst.

Die Geschichte der Materialien – Wo komme ich her? Wo gehe ich hin? – ermöglicht Umweltbildung auf kreative Weise. Kinder merken, dass es gut für die Umwelt ist, wenn weniger weggeworfen wird und man mit den Dingen verantwortlich umgeht. Ihre Erzieherinnen und Lehrerinnen lernen, die vielfältigen Ressourcen interessanter Materialien zu schätzen. Jenseits des Themas »Müll« wird die Schönheit der Dinge allen Beteiligten bewusst.

Die Remida bietet pädagogischen Fachkräften Seminare und Workshops an. Ein umfangreiches Veranstaltungsprogramm ermöglicht es, sich mit der Reggio-Pädagogik zu befassen, anregende Räume und Materialien zu entdecken und den eigenen kreativen Kräften wieder auf die Spur zu kommen.

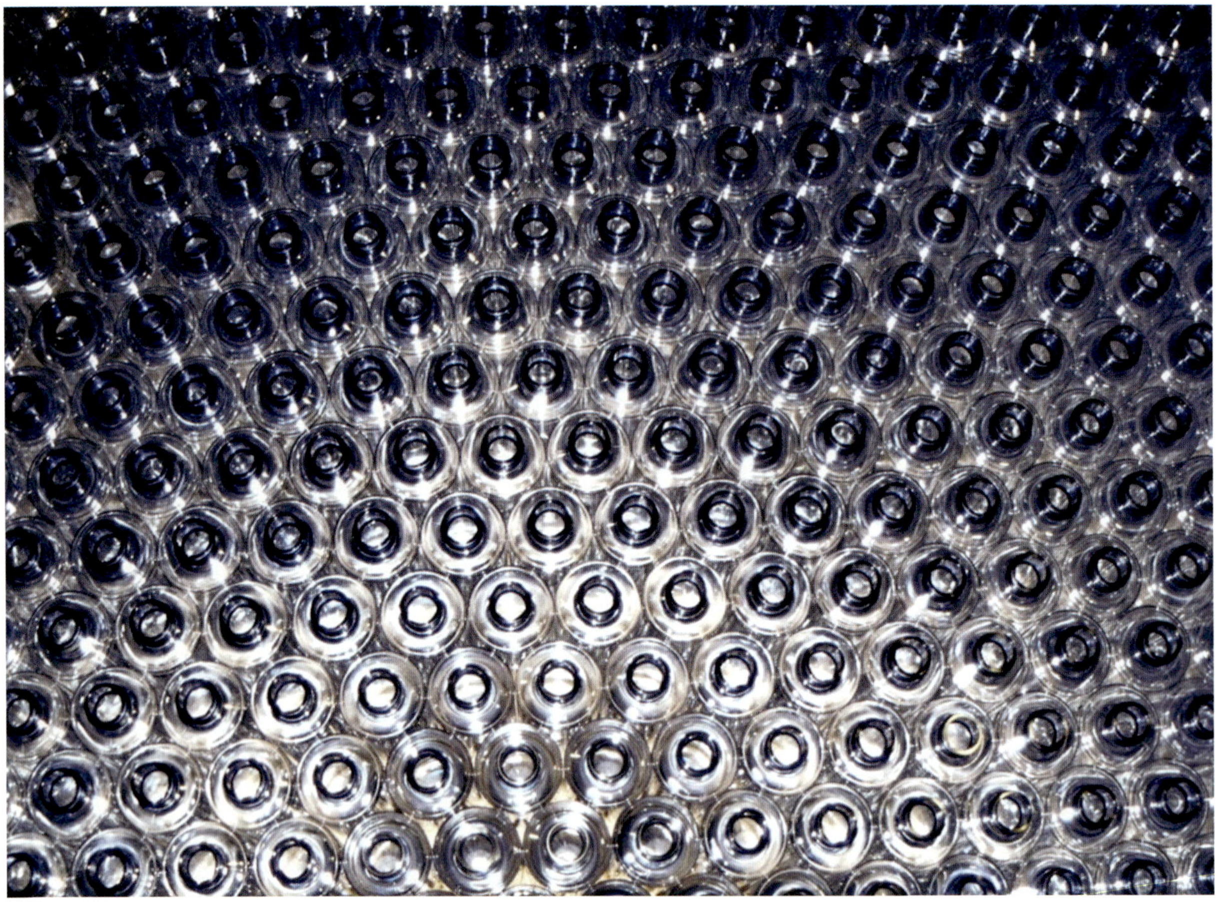

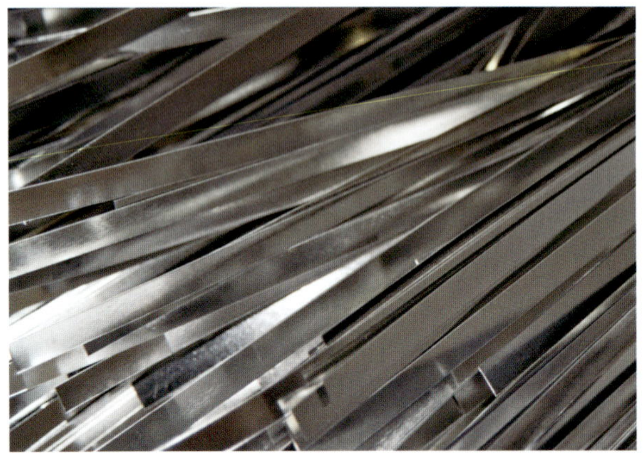

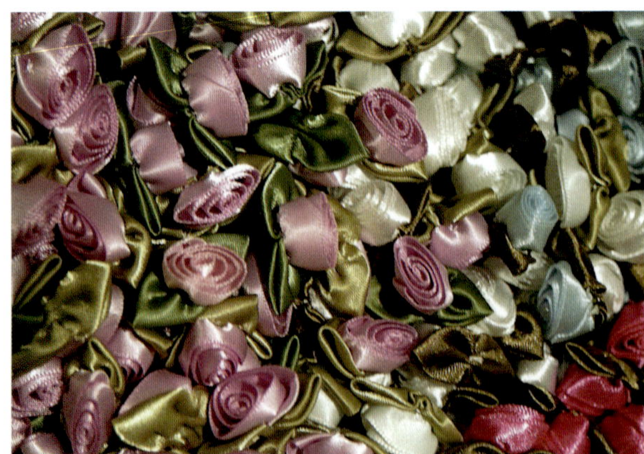

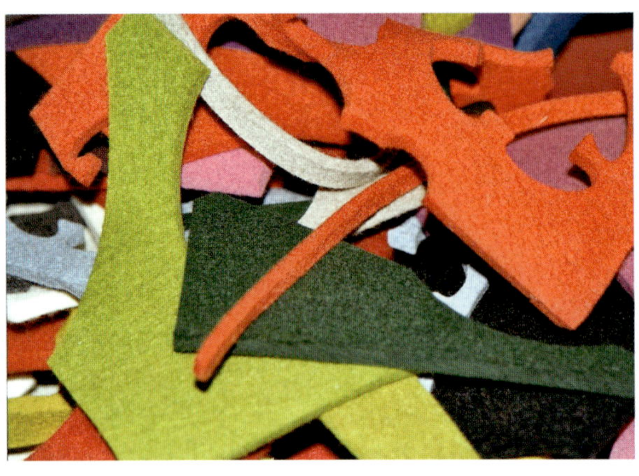

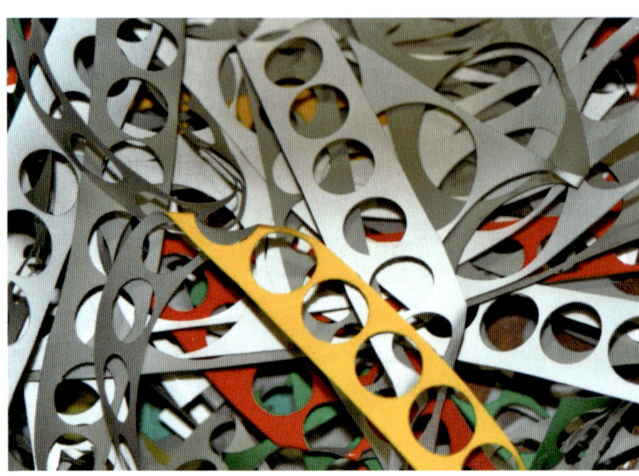

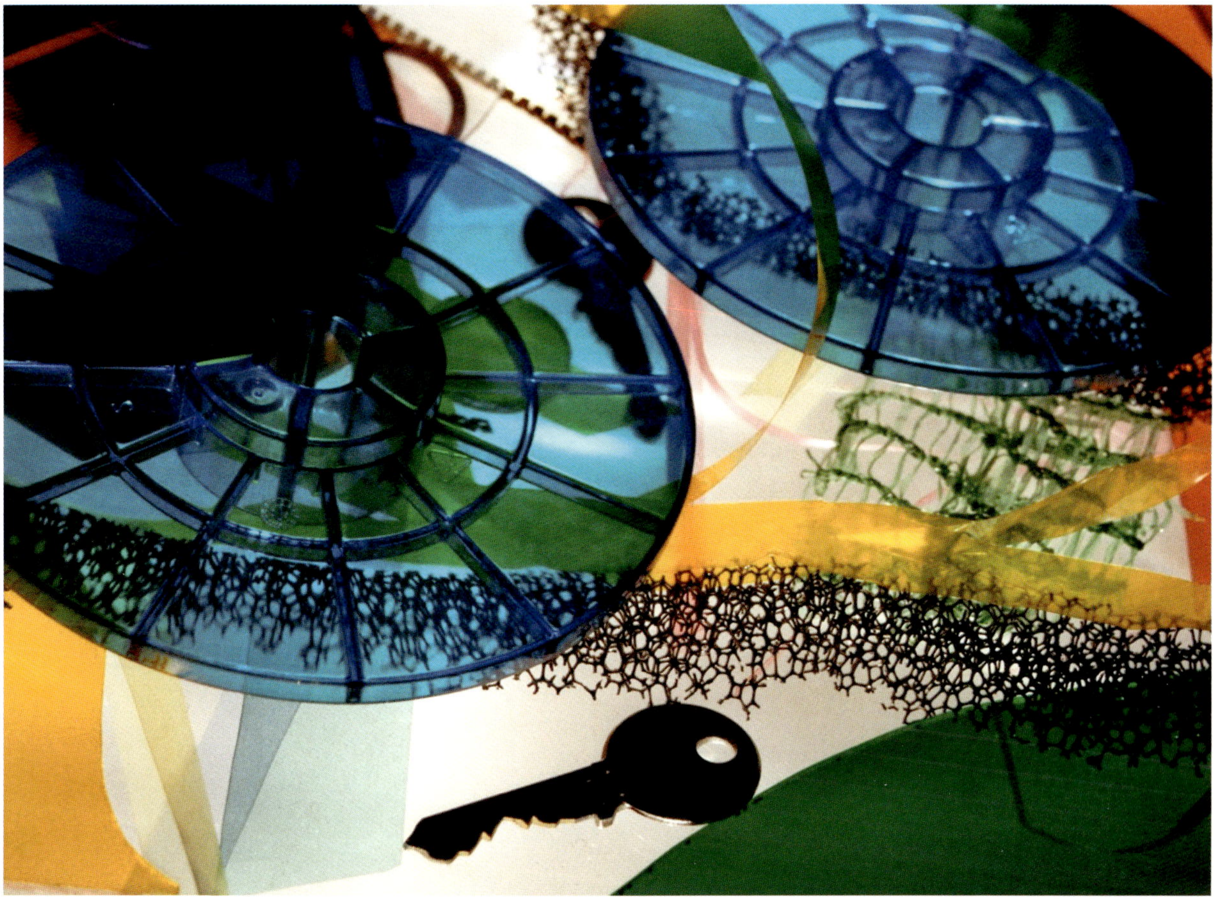

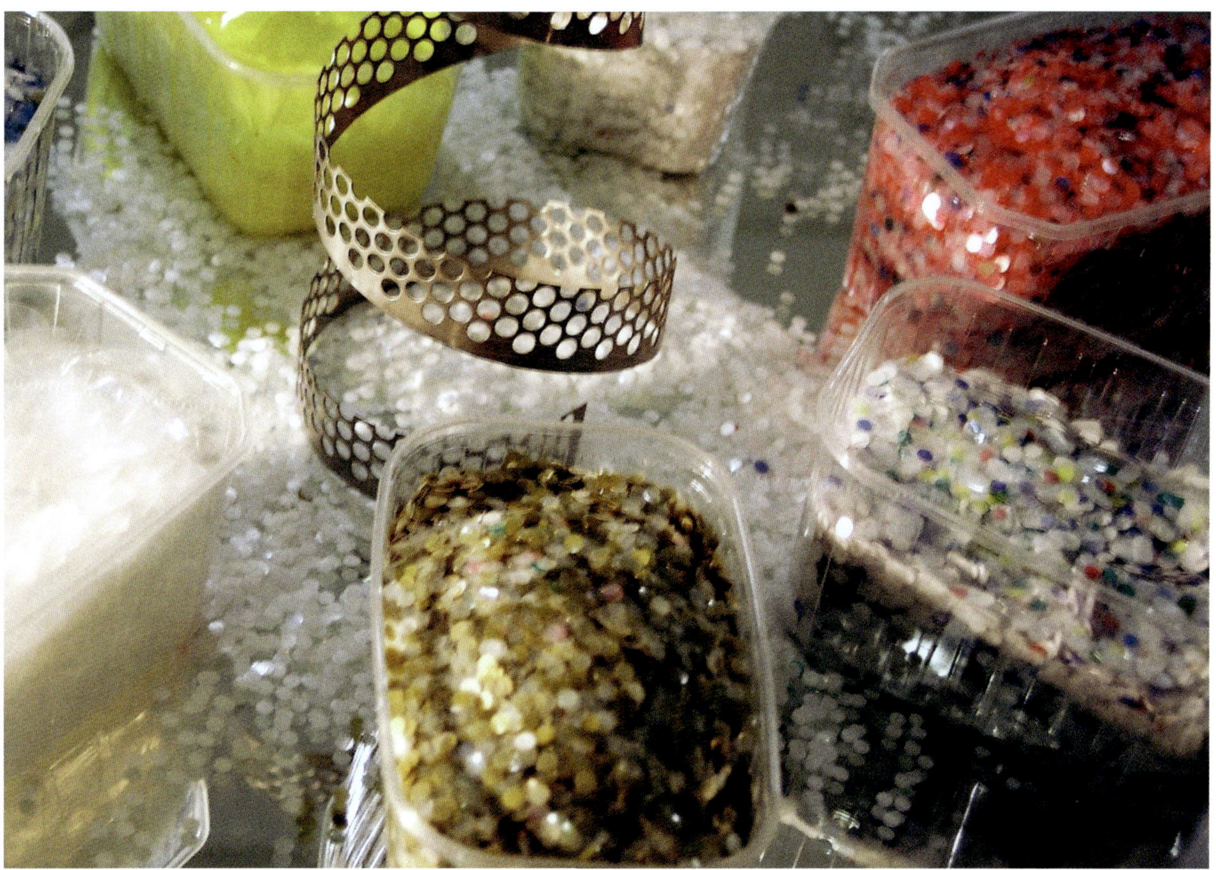

Kreativität

Der Begriff geht auf das lateinische Wort creare – etwas schöpfen, erfinden, erzeugen, aber auch auswählen, werden, wachsen – zurück. Er bezeichnet auch die Fähigkeit, Probleme zu lösen, schöpferisch zu denken und zu handeln.

Ursprünglich war der Begriff vor allem für künstlerische Schöpfungen reserviert. In jüngerer Vergangenheit wurde die menschliche Fähigkeit, Kunst hervorzubringen, vermehrt zum Gegenstand des Interesses von Wirtschaft und Wissenschaft. Die Erforschung kreativer Prozesse, ihre Beherrschbarkeit und Berechnung gewinnt gegenwärtig zunehmend an Bedeutung.

Die kürzeste, aber implikationsreiche Definition der Kreativität lautet: »Neukombination von Informationen«.[4] Kreativität im weitesten Sinn beruht auf der Fähigkeit, die Lücke zwischen nicht sinnvoll miteinander verbundenen oder aufeinander bezogenen Gegebenheiten durch die Schaffung von Sinnbezügen (freie Assoziation) mit bereits Bekanntem und spielerischer Theoriebildung (Fantasie) auszufüllen. Das Spiel – auch als Gedankenspiel – gehört als wesentliches Element zur Kreativität.

Beim Menschen kommt der weniger begrifflich-isolierenden und logisch-kausalen, dafür aber nonverbal, assoziativ und ganzheitlich denkenden (in der Regel rechten) Hirnhälfte besondere Bedeutung zu. Beteiligt an kreativen Denkprozessen sind aber letztlich beide Hirnhälften. Da diese Prozesse – sie finden auch im Schlaf statt – weitgehend unbewusst ablaufen, werden kreative Einfälle oft als Eingebungen einer überpersönlichen Intelligenz oder Wesenheit (Inspiration, Musenkuss) oder als mystisches Geführtwerden erlebt. Im kreativen Schaffensprozess tritt oft ein besonderer Bewusstseinszustand – eine Art Trance – auf, der als Floating[5] bezeichnet wird und meist mit einem vorübergehenden Verlust des Zeitbewusstseins einhergeht. Dieser Zustand ist zugleich konzentriert und dissoziativ[6].

Literaturtipps

Csikszentmihaly, M.: Kreativität. 1997

Holm-Hadulla, R.: Kreativität – Konzept und Lebensstil. 2007

Kreativität

Die Ausstellungen aus Reggio zeigen immer wieder, zu welcher Kreativität im Denken und Handeln Kinder fähig sind, wenn sie eine vorbereitete Umgebung mit anregenden Materialien und aufmerksame Erwachsene finden, die sie begleiten. Die Werke der Kinder spiegeln ihre Denkprozesse und Thesen wider. Es zeigt sich: Abfall und Ästhetik stehen nicht im Widerspruch zueinander.

Die Fremdartigkeit der Materialien und die Offenheit ihrer Verwendung regen Fantasie und Imagination an, so dass neue Dinge entstehen, ganz ohne Bau-, Spiel- oder Bastelanleitung. Neuentdecken und Zweckentfremden sind gefordert.

Die Präsentation der Materialien, die ihren Aufforderungscharakter zur Geltung bringt, erleichtert es, eigene Vorstellungen zu entwickeln und schöpferische Kräfte zu entfalten. Das ist wichtig, denn Kreativität gehört heute zu den Schlüsselqualifikationen.

Am interessantesten für Kinder sind die Materialien, die nicht für sie gemacht sind. Knöpfe, Perlen, Schnüre, Kabel oder Maschendraht fordern zur kreativen Gestaltung fantastischer Fabelwesen oder futuristischer Maschinen auf. Die Ausstellungen der Werke, ergänzt durch Dokumentationen der Geschichten hinter den Objekten, vermitteln Kindern und Erwachsenen Anregungen, was aus Abfall-Materialien in Kitas, Schulen oder Kulturprojekten entstehen kann.

Nachhaltigkeit

Der Weltdekade »Bildung für nachhaltige Entwicklung« (BNE) für die Jahre 2005 bis 2014 liegt ein Aufruf der Vereinten Nationen zugrunde, der auf einen Impuls des Weltgipfels für nachhaltige Entwicklung in Johannesburg (2002) zurückgeht. Die UN-Mitgliedsstaaten verpflichten sich in einer Resolution, in diesen zehn Jahren besonders intensive Anstrengungen zu unternehmen, um das Leitbild

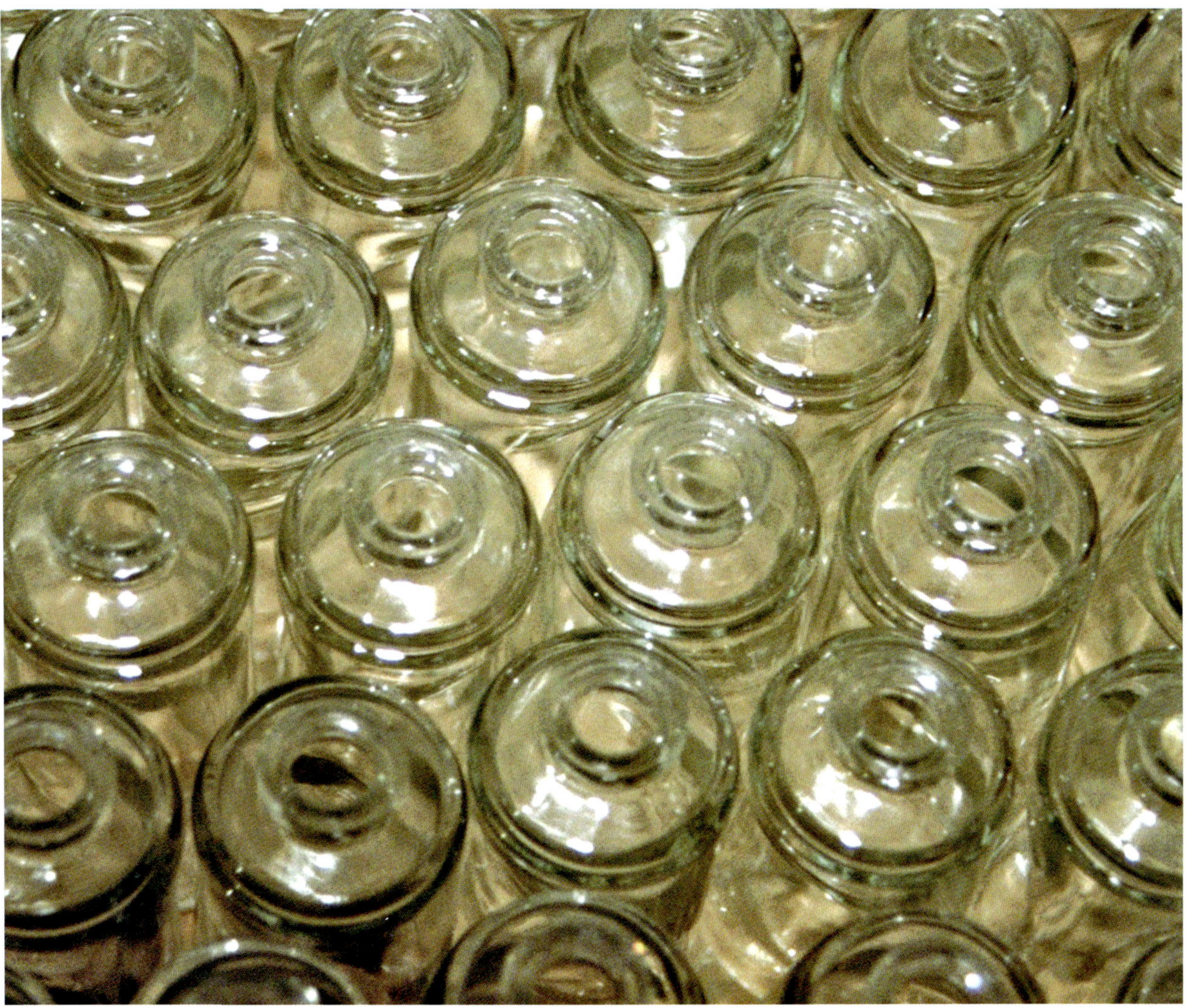

der nachhaltigen Entwicklung in allen Bereichen der Bildung zu verankern.

Auf der Grundlage eines einstimmigen Beschlusses des Deutschen Bundestages wird die Umsetzung der UN-Dekade »Bildung für nachhaltige Entwicklung« in Deutschland von der Deutschen UNESCO-Kommission (DUK) koordiniert. Bildung für nachhaltige Entwicklung soll Wissen über globale Zusammenhänge und Herausforderungen im Sinne von Ökonomie, Ökologie und Sozialem vermitteln. Sie soll Kinder, Jugendliche und Erwachsene in die Lage versetzen, Entscheidungen für die Zukunft zu treffen und dabei abzuschätzen, wie sich das eigene Handeln auf künftige Generationen oder das Leben in anderen Weltregionen auswirkt.

Die Umsetzung der Dekade steht unter der Schirmherrschaft des Bundespräsidenten und wird vom Bundesministerium für Bildung und Forschung gefördert.

Bildung für nachhaltige Entwicklung

Ökologie: Materialressourcen, die bei der Produktion abgefallen sind, werden direkt weiterverwendet, also upgecycelt. Sie kommen weder in den Müll, wodurch sie die Umwelt belasten, noch ins konventionelle Recycling, wozu Energie aufgewendet werden muss. Wenn die Kinder erfahren, was das für Dinge sind und woher sie kommen, erkennen sie selbst: »Dann ist das ja gut für die Umwelt.«

Sozial-Kulturelles: Die Materialien bekommen in der Remida eine zweite Seele. Sie sind nicht mehr, was sie vorher waren, sondern erstrahlen in neuem Glanz. Der Reichtum an Ressourcen und die Alternative zur Verschwendung werden sichtbar.

Hinzu kommt: Überraschende Materialien inspirieren Menschen in sozialen und kulturellen Bereichen zur freien Auseinandersetzung und Gestaltung. Sie entdecken die Vielfalt der Materialien aus

Nachhaltigkeit

»Eine nachhaltige Entwicklung berücksichtigt die Bedürfnisse der heutigen Generationen, ohne die Möglichkeiten künftiger Generationen zu gefährden, ihre eigenen Bedürfnisse zu befriedigen und ihren Lebensstil zu wählen.« So formulierte es 1987 die Weltkommission für Umwelt und Entwicklung unter Vorsitz der Norwegerin Gro Harlem Brundtland im Bericht »Unsere gemeinsame Zukunft«, auch Brundtland-Report genannt.
Nachhaltigkeit hat vier Dimensionen:

- Kulturelle Nachhaltigkeit verlangt erstens Bildung und zweitens die Förderung kultureller Errungenschaften und kultureller Vielfalt.
- Soziale Nachhaltigkeit heißt, ein Miteinander so zu gestalten, das Menschen langfristig friedlich und konfliktfrei zusammenleben können.
- Ökologische Nachhaltigkeit bedeutet, der Natur Regeneration zu ermöglichen und sie so für kommende Generationen zu erhalten.
- Ökonomische Nachhaltigkeit erfordert eine Wirtschaftsweise, die volks- und betriebswirtschaftlich auf langfristig stabiles Haushalten statt kurzfristiger Ertragsmaximierung setzt.

Die Herausforderung für uns Menschen besteht darin, alle Dimensionen in ausgewogener Balance zu leben: das Wohl unserer Mitmenschen zu berücksichtigen, den Reichtum der Natur zu erhalten und ein für alle gerechtes Wirtschaftssystem zu schaffen.[7]

Tipp

Eine gute Adresse für Nachrichten, Lehr- und Lernmaterialien sowie Informationen zu Wettbewerben und Veranstaltungen ist das BNE-Portal zur UN-Dekade »Bildung für nachhaltige Entwicklung«: www.bne-portal.de

Restbeständen und kaufen weniger »klassische« Materialien.

Im Gegensatz zu Zeiten, in denen Mangel Kreativität freisetzte – »Früher haben wir auch nur mit einer Dose gespielt« –, geht es heute um die Kreativität, die aus Überfluss entsteht, und um die bewusste Entscheidung für überflüssige Materialien, die dem Erzeugen weiteren Überflusses entgegensteht.

Ökonomie/Wirtschaft: Die Remida ist ein Markt, auf dem sich Wirtschaftswelt und soziale Welt treffen. Firmen verstehen ihre Rest-Materialien als »Kreativitätstransformatoren« und investieren in Fantasie, Kreativität und Innovation, wenn sie sie hergeben. Unternehmen, in denen man sich der Möglichkeit bewusst ist, Abfallmaterialien kreativ zu verwenden, liefert die Remida das Erlebnis, was daraus entstehen kann.

Die nachhaltigste Wirkung erzielt die Remida jedoch bei den Kindern, die mit echten Materialien forschen, arbeiten und gestalten, Materialeigenschaften kennen lernen und nutzen können.

Recycling

Mit dem Begriff »Recycling«[8] oder »Rezyklierung« wird der Vorgang bezeichnet, in dem aus gebrauchten, defekten, unmodernen oder anderweitig nicht mehr benötigten Produkten ein Sekundärrohstoff wird. »Recycling« nennt man jedes Verwertungsverfahren, durch das Abfallmaterialien zu Erzeugnissen, Materialien oder Stoffen für den ursprünglichen Zweck oder für andere Zwecke aufbereitet werden.

Upcycling

Der Begriff »Upcycling« bezeichnet den Vorgang, in dem im Sinne des Kreislaufwirtschafts- und Abfallgesetzes aus Abfallstoffen eines Prozesses höherwertigere Produkte hergestellt werden. Der Begriff wird im künstlerischen Zusammenhang auch benutzt, wenn Materialien aus dem Abfallkreislauf herausgenommen und direkt verwendet werden. Man sagt »Direktrecycling« dazu. Bekannte Beispiele sind: Taschen aus Segeltuch oder LKW-Planen und Briefumschläge aus veralteten Landkarten.

Lieferanten-Geschichten

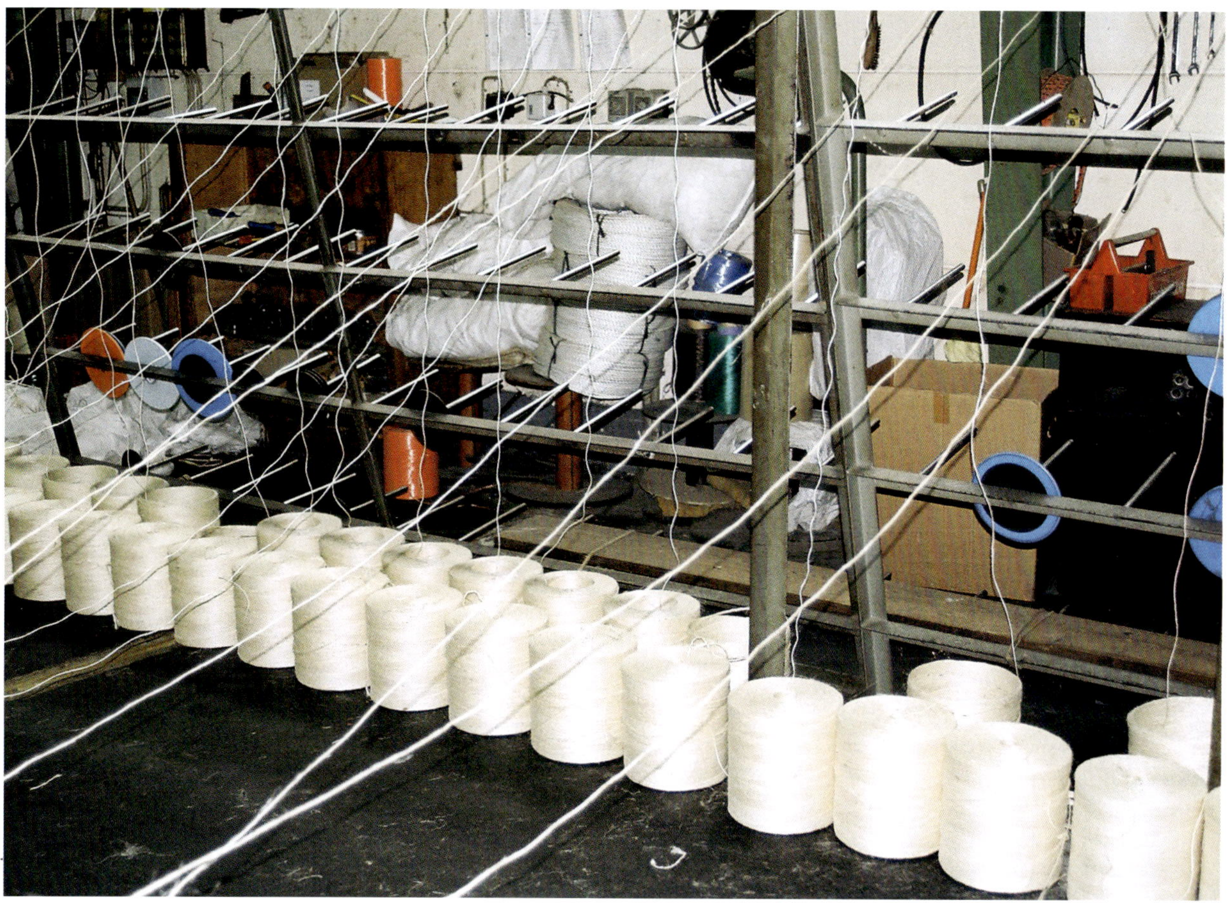

»Das geht doch nicht, das ist doch viel zu gefährlich«, sagen Geschäftsführer von Betrieben oder Werksleiter häufig, wenn sie um Produktionsabfälle gebeten werden. Dass sich jemand für diese Abfälle interessiert und sie sogar als kreative Ressource betrachtet, ist neu und deshalb ungewohnt, besonders für Vertreter von Firmen, die bislang wenig mit Kindern, Erzieherinnen und Lehrerinnen zu tun hatten. »Was wollen Sie denn damit? Das ist doch nur Schnipselkram«, wundern die Leute sich. Aber das Stanzkonfetti aus dem Folienwerk und die Papierschnipsel aus der Druckerei sind wunderschöne Materialien.

»Was suchen Sie denn?« ist eine auch beliebte Frage in Firmen. »Was haben Sie denn?« ist die Antwort, denn all die Dinge, von deren Existenz der Besucher aus der Remida nichts ahnt, müssen erst gefunden werden.

> **Die ganze Welt ist voll von Sachen, und es ist wirklich nötig, dass jemand sie findet.**
>
> **Pippi Langstrumpf**

Aus einer Tischlerei bekommt die Remida ausgesägte, organisch geformte Holzteilchen. Zuvor hatte der Tischler gefragt, ob denn mit den löchrigen Stücken überhaupt etwas anzufangen sei. »Toll, da sind ja schon Löcher drin«, sagte die Lehrerin, deren Schüler später ein Mobile für den Garten daraus machten.

Jeder kennt die Hamburger Reeperbahn, die Amüsiermeile in Hafennähe. Doch woher hat sie eigentlich ihren Namen? Früher waren die Reepschläger dort tätig, Tauwerker, die ihrem Handwerk dicht am

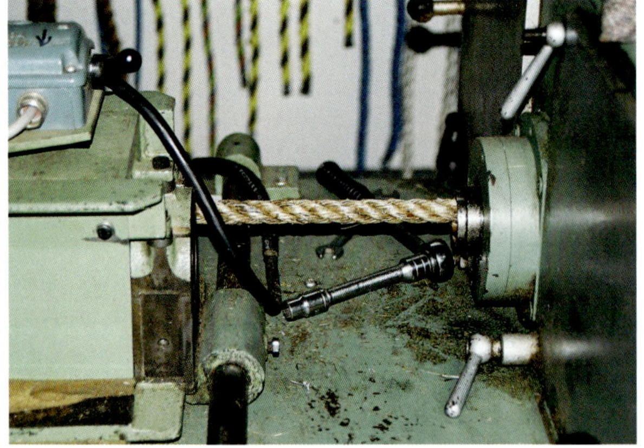

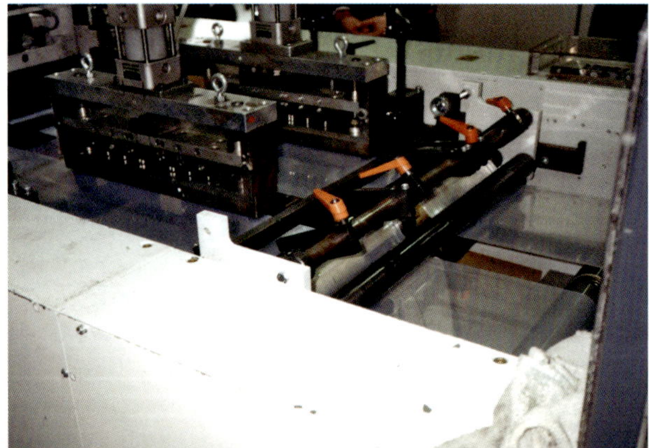

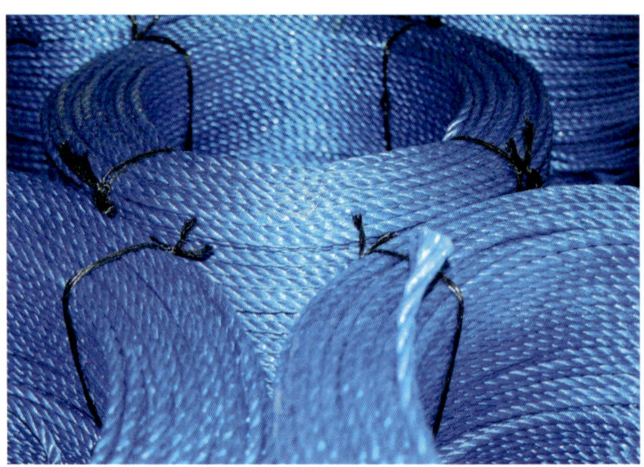

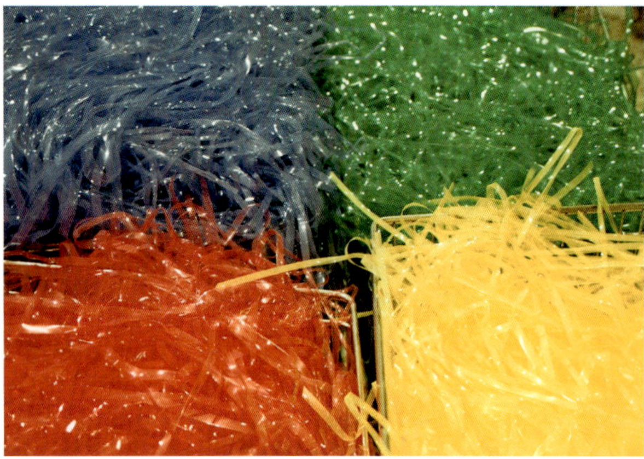

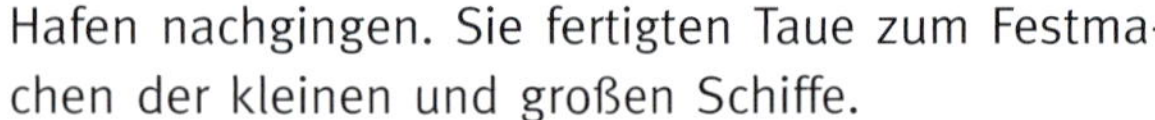

Hafen nachgingen. Sie fertigten Taue zum Festmachen der kleinen und großen Schiffe.

Heute gibt es in Hamburg noch zwei Tauwerksfabriken. Eine ist ein kleiner Familienbetrieb. Bei meinem ersten Besuch stehe ich vor der offenen Produktionshalle und sehe staunend die ratternden Maschinen und umlaufenden Schnüre. Die Geräusche, der Geruch von Hanf und Öl, das Zusammendrillen der Schnüre zu Tauen, mit denen die großen Pötte im Hamburger Hafen festgemacht werden, faszinieren mich. »Hier müsste man mal mit Kindern herkommen«, sage ich zum Seniorgeschäftsführer. »Ach«, winkt er ab, »dafür gibt's doch die Sendung mit der Maus.« Als ob der Fernseher solche Sinneseindrücke ersetzen könnte!

Alle Prospekthüllen werden in China gefertigt, dachte ich. Stimmt aber nicht. Im Branchenbuch entdecke ich, dass so eine Firma mitten in Hamburg sitzt und Plastikfolien verarbeitet.

Plastik – ein Material mit schlechtem Ruf. Aber wer einmal in einen Haufen bunter Plastikstreifen gelangt oder seine Finger in Stanzkonfetti gebadet hat, denkt anders. »An diesen Streifen kann sogar ein Baby lutschen, sie sind aus schadstofffreiem Polyethylen«, erfahre ich. »Aber die rosafarbenen hier sind antistatisch ausgerüstet und enthalten Weichmacher«, teilt mir der Inhaber mit. Dann sind sie genauso bedenklich wie Nuckelflaschen und Puppen aus China.

Im Wochenblatt lese ich von einer Betriebsführung für Senioren durch eine Blechverpackungsfabrik. Stanzbleche und Kanisterdeckel fallen dort zwar selten ab, dafür aber reichlich Streifen aus Weißblech, die beim Zuschneiden von Dosen übrigbleiben. Metall werden die Firmen allerdings ungern los, denn es ist ein wertvoller Rohstoff. Doch die Remida bekommt die Blechabfälle trotzdem – aus sozialen Gründen und weil die Firma die Remida-Idee so charmant findet.

»Die Stanzbleche sind doch viel zu scharfkantig«, findet ein Vertreter der Abteilung Kreislaufwirtschaft bei Beiersdorf, dem großen Hamburger Konzern, der so bekannte Marken wie Nivea und Tesa führt. Ich erfahre, dass die Nivea-Dosen hier in Hamburg hergestellt werden. Weil im Wirtschaftsteil der Zeitung steht, dass Beiersdorf sein Sortiment bereinigt, wundere ich mich nicht, dass wir

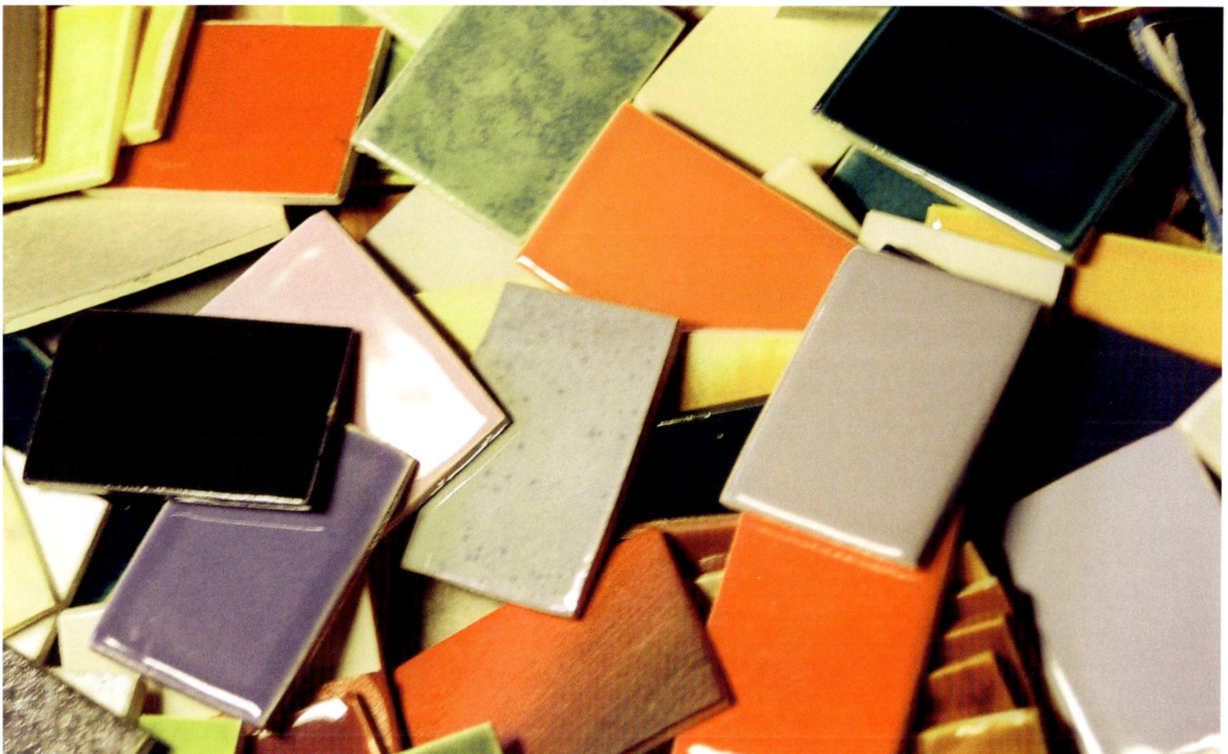

palettenweise weiße und blaue Flaschen sowie Lippenstifthülsen abholen können.

In Einrichtungshäusern ist man froh, dass die Musterbücher mit den tollen Stoffen für Sofas und Vorhänge nach dem Kollektionswechsel nicht im Müll landen. In der Remida bekommen sie Ehrenplätze.

Besonders weit denkt der Steinmetz, bei dem die Remida oft Bruchstücke von Marmor, Sandstein, Schiefer und Granit in verschiedenen Farben bekommt. Er hofft, dass die Kinder später eine Affinität zum Werkstoff Stein entwickeln. Einmal vermacht er uns zwei große Eimer voller Marmordreiecke, denn er ist sicher, dass sie gerade ihrer Gleichartigkeit wegen interessant sein dürften.

Das Material mit der skurrilsten Geschichte sind die Wattestäbchen in der Kunststoffhülse, die für das Abnehmen von Speichelproben verwendet werden. Erinnert sich noch jemand an die ominösen Mordfälle, nach denen an vielen Orten Deutschlands die gleichen DNA-Spuren gefunden wurden? Eines Tages stellte sich heraus, dass die Stäbchen von der DNA der Packerin verunreinigt waren und deshalb nicht mehr verwendet werden konnten. Bei der Hamburger Polizei lagerten rund 5.000 Stück davon. Sie fanden in der Remida freudige Abnehmer. All diese Lieferanten-Geschichten belegen, dass die Botschaft der Remida an die Firmen, Schätze in ihren Containern als kreative Ressourcen zu begreifen, angekommen ist. Wir nennen das den Kreativitätstransformator.

Kunststoff

Plastik ist nicht gleich Plastik. Nahezu alle Kunststoffe werden aus Erdöl oder Erdgas gewonnen. Doch es gibt Unterschiede in der Zusammensetzung, die wiederum unterschiedliche Eigenschaften zur Folge haben.

Polyethylen (PE) und Polypropylen (PP) benötigen wenig schädliche Zusätze, und es gehen vergleichsweise geringe Gefahren von ihnen aus. Sie sind zwar schwer abbaubar, bei der Verbrennung im Allgemeinen aber unproblematisch und wieder verwertbar.

Manche Kunststoffe, in erster Linie Polyvinylchlorid (PVC) enthalten Weichmacher, die Langzeitschäden verursachen können.

Aus Acrylnitril-Butadien-Styrol (ABS) werden sehr strapazierfähige Spielzeuge hergestellt, die hochwertig sind. Hinsichtlich der Herstellung und Entsorgung ist der Stoff jedoch problematisch. Er enthält gesundheitsgefährdende Stoffe und ist nicht recyclebar.[9]

Ästhetische Bildung

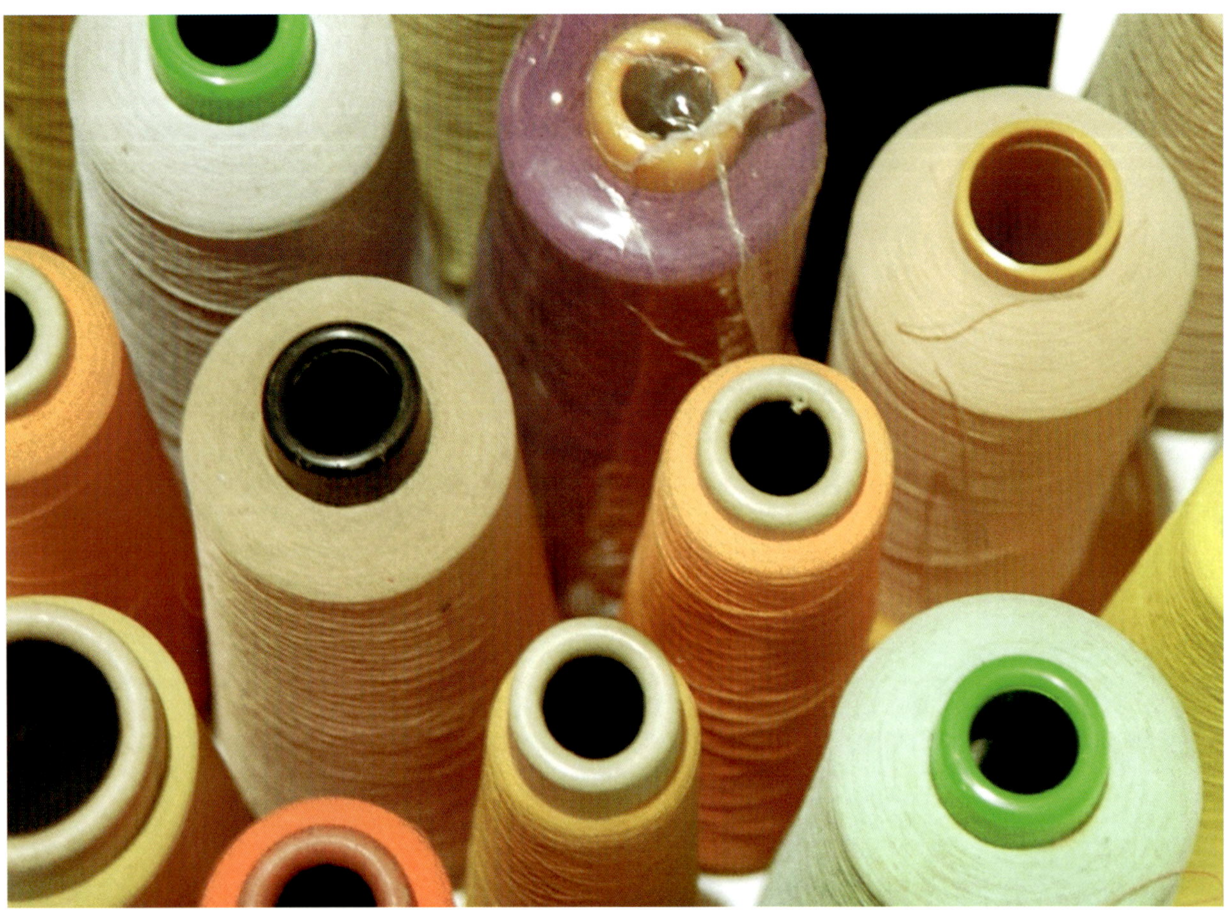

Abfall und Ästhetik stehen nicht im Widerspruch zueinander. Allein das offene Angebot der Materialien in übersichtlichen Regalen, also nicht in staubigen Kartons auf Paletten, trägt hohen Aufforderungscharakter. Überall stehen Installationen aus Materialien, die – aus ihrem Kontext gelöst – für Überraschungen sorgen. Sie sind schön und laden durch ungewöhnliche Perspektiven zum Betrachten ein.

Stoffe wiederum wirken durch die Farbkompositionen. Gleichartiger Stoff in unterschiedlichen Farbnuancen, zum Beispiel in Musterbüchern, ist eine Augenweide und sorgt ebenso für ästhetisches Empfinden wie für Sprechanlässe.

Das Zusammenspiel von Farben, Materialien, Formen und Strukturen prägt die ästhetische Bildung. Es macht Spaß, diese Aspekte mit allen Sinnen wahrzunehmen und Überraschungen zu genießen, wenn die Ahnung, die ein Anblick hervorrief, sich beim Anfassen nicht bestätigt.

> **Kunst gibt nicht das Sichtbare wieder, sondern macht sichtbar.**
> **Paul Klee**

An Regalen angebrachte Spiegel sorgen für überraschende Perspektiven und den Dialog mit den Dingen. Dicke Schrauben werden in einem kleinen Spiegelkabinett präsentiert und wirken dadurch geradezu magisch. Die Girlande aus Stoffmustern im Farbspektrum Blau-Grün öffnet die Augen für Farbübergänge. Eine Reihe durchsichtiger Salatschalen voller Materialien wirkt sehr anziehend. Das Bild Nofretetes, das in einem Winkel an der

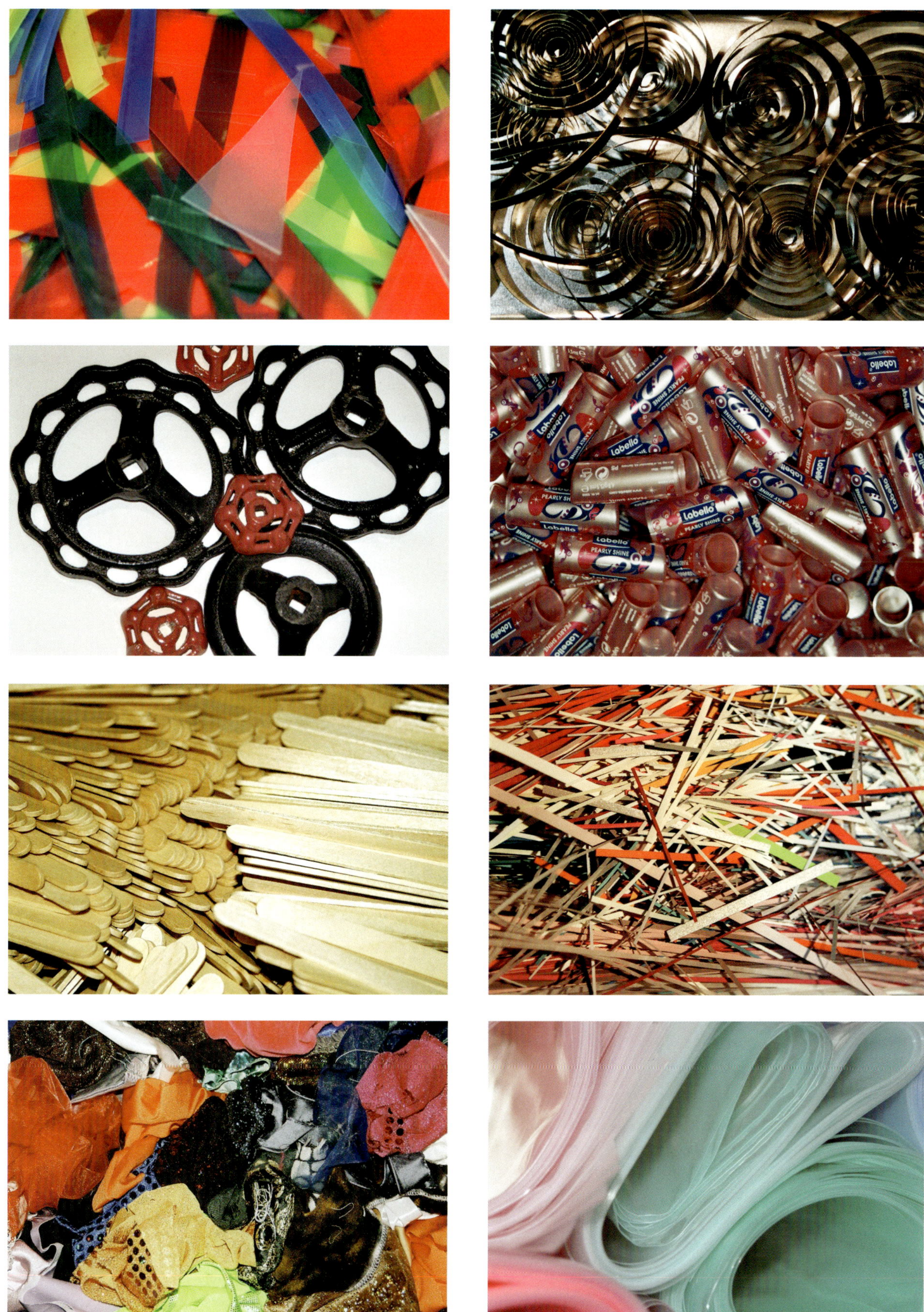
Labello
PEARLY SHINE

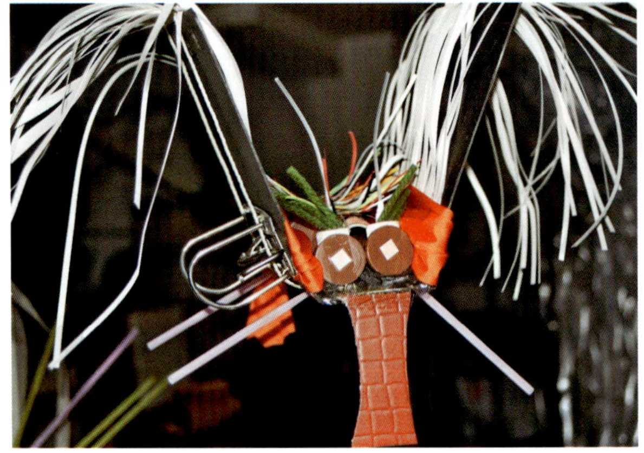

Wand hängt, die Katze auf der Heizung, das Huhn in der Ecke und viele weitere Hingucker sind vergnügliche Überraschungen.

Farbe wird erst durch Licht sichtbar. Der Overheadprojektor ermöglicht es, mit transluzenten farbigen Materialien Farbspiele zu inszenieren. Die Konturen von lichtundurchlässigen Materialien werden sichtbar. Man kann Lichtbrechungen wahrnehmen, wenn man Linsen und Farbfilter oder farbige Brillengläser benutzt. Licht und Farbe, Licht und Schatten, aber auch Fragen der Perspektive und Projektion können hypothetisch erkundet werden.

Das Materialbuch ist ein Werk aus dem Workshop in Reggio und lädt zur verbalen Auseinandersetzung mit den Materialien ein: »Dieses Buch erzählt eine Geschichte – welche Geschichte erzählt es dir?«

Die Assoziationsmaschine ermöglicht Ähnliches. Die geschichteten PVC-Planken ergeben eine ungewöhnliche Form: »Woran denke ich, wenn ich das sehe?«

Im Jahr der Künste 2009, das das Motto »Stadt(t)räume« trug, gestalteten zahlreiche Künstler an Hamburger Schulen Kunstwerke mit Schülern und entdeckten dabei die Remida. Seitdem kommen immer mehr Schüler, Lehrerinnen und Künstler, die in Kulturprojekten tätig sind, zu uns. So war es auch beim Projekt »Respekt Füreinander«, das im Jahr 2011 stattfand und in dem Schülerinnen und Schüler kreativ mit Seniorinnen und Senioren arbeiteten. Die Objekte und Skulpturen wurden später in der Hamburger Deichtorhalle ausgestellt.

Jüngstes Projekt in diesem Jahr war die Kooperation mit der Design-Grundklasse an der Hochschule für Bildende Künste in Hamburg, die die Studierenden zur Auseinandersetzung mit Remida-Materialien anregte. Die entstandenen Objekte aus verschiedenen Materialien, die unterschiedlichen Herangehensweisen der jungen Leute aus diversen Kulturkreisen werden im Schaufenster der Remida und auf der Jahresausstellung der HfBK gezeigt. Anschließend werden sie zugunsten der Remida versteigert.

Die Menge macht's

Die Materialien aus der Remida eignen sich keineswegs nur fürs Atelier. Kabeltrommeln sind hervorragende Bau- und Bewegungselemente. Und die kleinen Dinge, die in großen Mengen vorhanden sind, was ihren besonderen Reiz ausmacht, fordern nicht allein zum Basteln heraus. »Damit können die Kinder Mathematik erfinden«, sagte eine Lehrerin und nahm eine große Tüte rosafarbener Lippenstifthülsen mit. Auch die erwähnten Marmordreiecke sind pure Mathematik.

Mit beiden Händen in Plastikstreifen zu greifen und darin zu wühlen, das macht Spaß. Und die vielen Flaschendeckel sehen in der vollen Kiste viel verlockender aus als nur zehn Stück auf einem Teller. Man kann damit Muster legten, sie sortieren und zählen. Es ist genug da, man kann sich ausführlich bedienen – dieses Gefühl ist für Kinder wie Erwachsene angenehm.

Dennoch ist die Remida kein Kaufhaus, kein Ort für Konsum, sondern für Wahrnehmung und Entdeckung. »Gucken, anfassen, atmen«, empfehle ich den Besuchern vor der ersten Runde durch die Regale mit Materialien, »dann können die Dinge wirken und Gedanken in Bewegung setzen.« Immer wieder erlebe ich das Staunen über so viel Überfluss und Schönheit. Ich merke, wie die Blicke der Besucher sich für die unscheinbaren Dinge öffnen, und bei jeder weiteren Runde werden neue Entdeckungen gemacht.

Anregende Präsentation

Farblos, aber aufregend, anregend, knisternd, raschelnd, klangvoll, transparent, pur, glatt, rau… – aus Papier, aus Kunststoff, aus Glas…

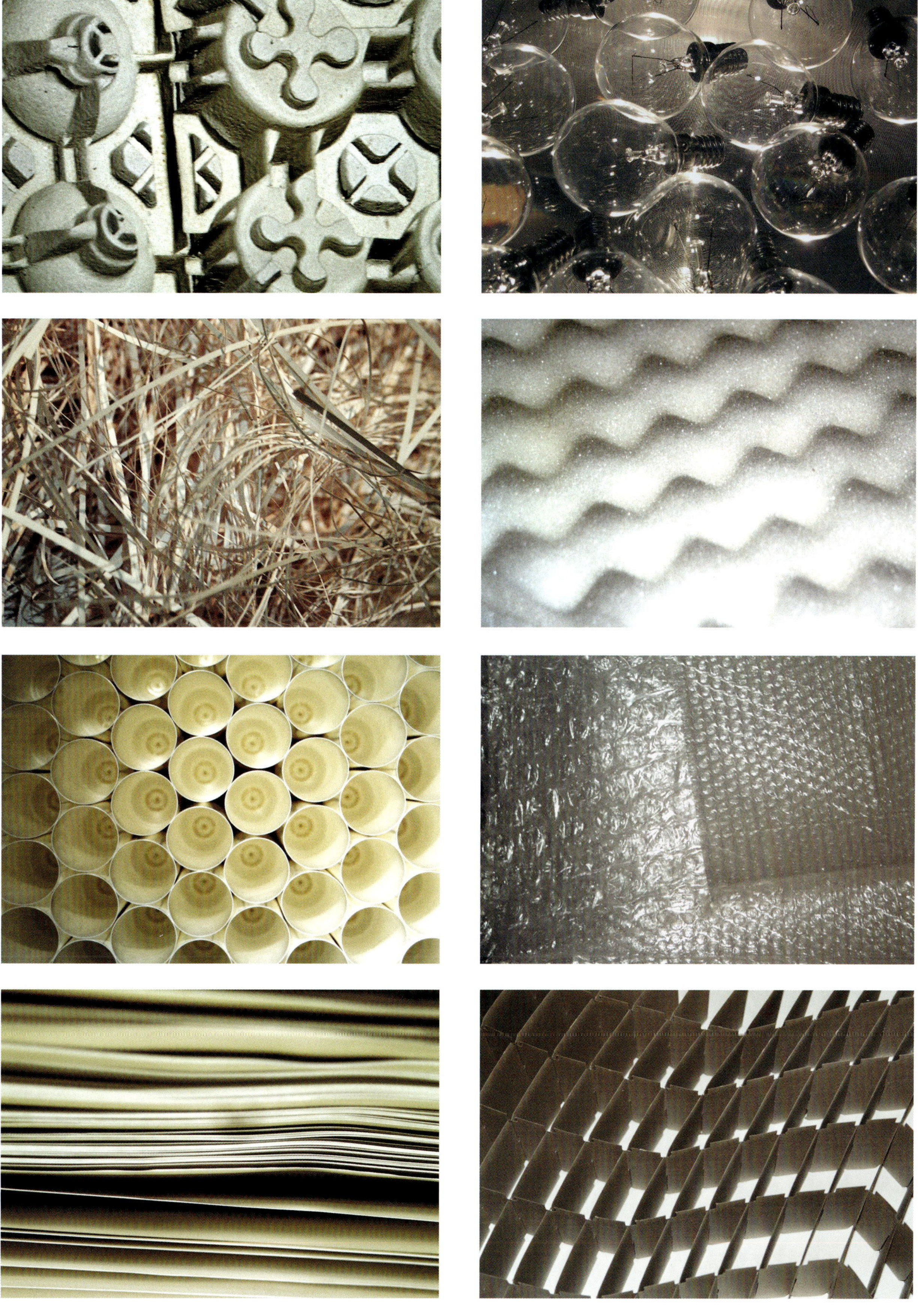

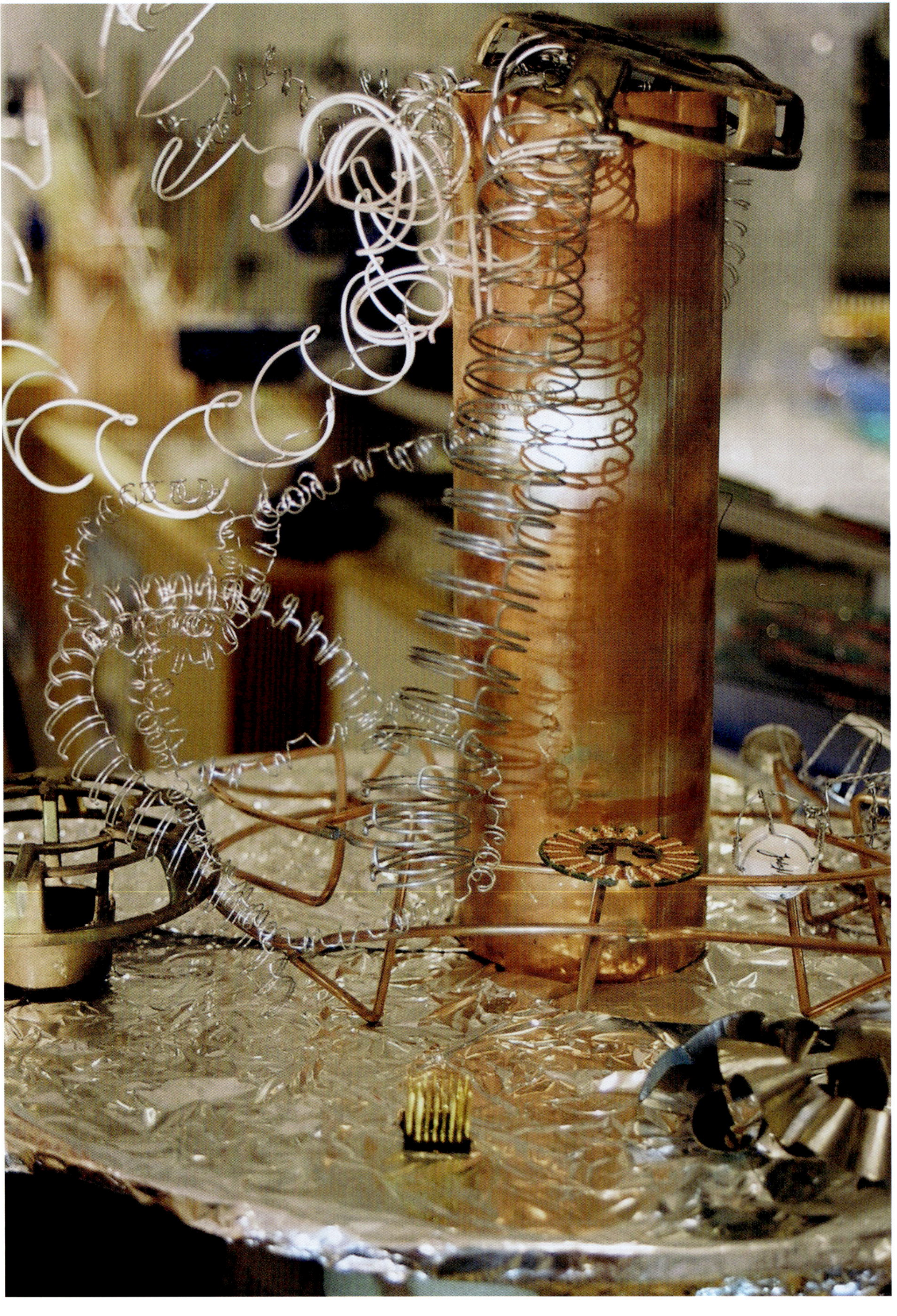

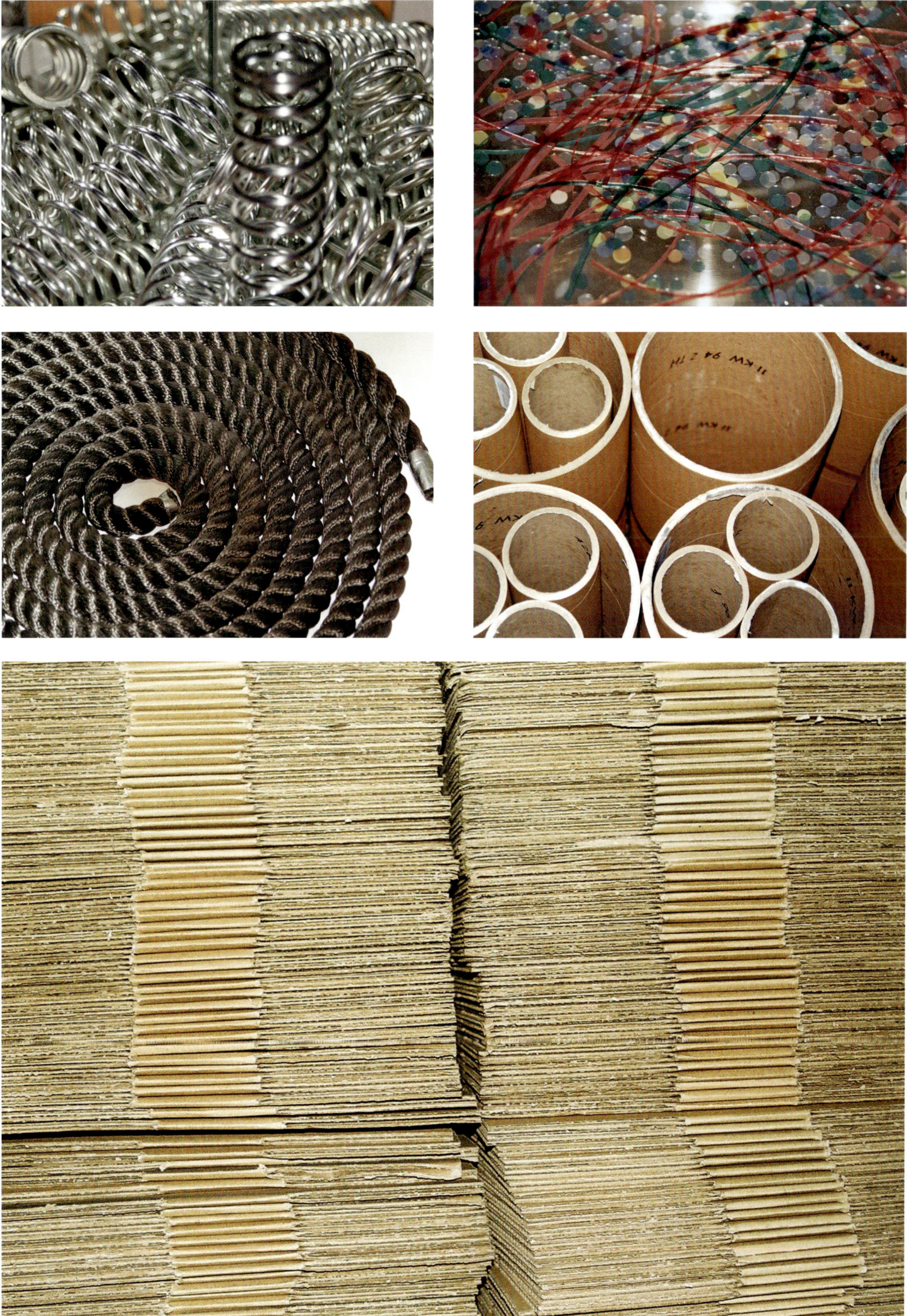

Wertloses – eine Begriffsklärung

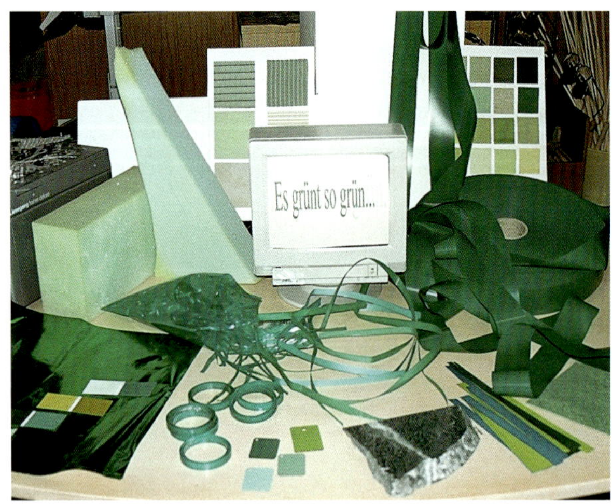

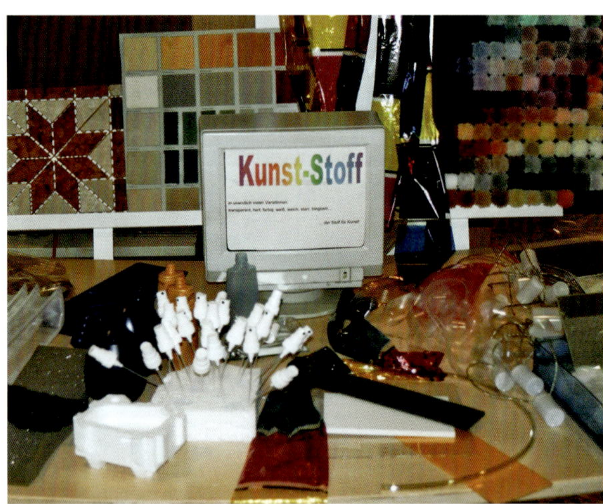

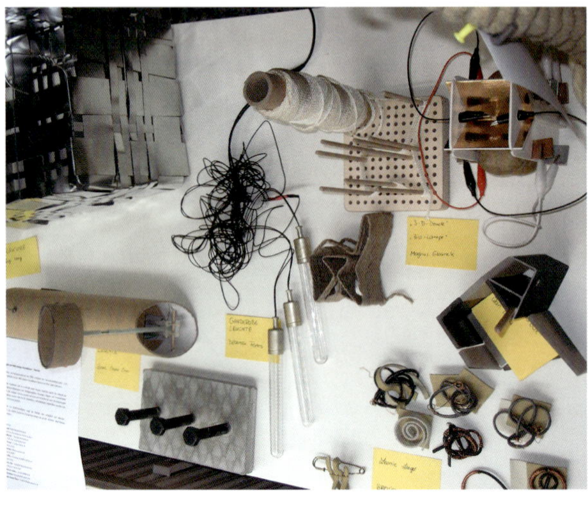

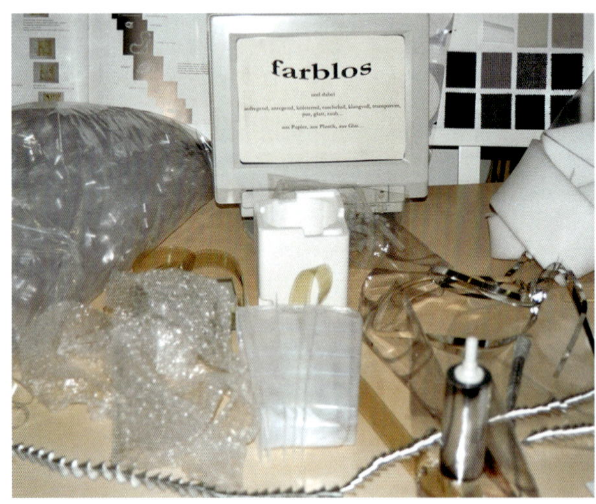

Im Gegensatz zu den Dingen, die aus Haushalten stammen und die Kitas bereichern, bietet die Remida viele ungewöhnliche Materialien und sorgt so für überraschende Gedanken und Erfahrungen.

Malpapier, Stifte, Farben, Ton, Knete, Perlen oder Federn, die die Kita-Ateliers und Werkstätten füllen, werden gekauft. Es sind wertvolle Materialien, mit denen Kinder meist nicht verschwenderisch umgehen dürfen.

Dann gibt es die kostenlosen Materialien – Klopapierrollen oder Eierschachteln –, die aus Haushalten stammen und sich in den Kitas ansammeln. Kostenlos heißt meist: wertfrei. Deshalb werden diese Dinge nicht wie Schätze behandelt, obwohl sie einen hohen kreativen Wert haben und ihr Zweck nicht vorbestimmt, sondern offen und vielseitig ist. Aber es sind alte Bekannte: Dinge aus den Abfalleimern und Mülltonnen.

Alltagsmaterialien werden gerade von Kita-Teams entdeckt und den Kindern zur Verfügung gestellt: Schneebesen, Spaghettisiebe, Schüsseln oder Waagen. Aber auch der Begriff »Alltagsmaterialien« passt nicht zu den Dingen in der Remida, denn es sind ja gerade die nicht alltäglichen Dinge, die ihren Reiz ausmachen. Besonders, wenn sie anregend und offen präsentiert werden, in reicher Fülle vorhanden sind, geordnet und sortiert. Das macht eine vorbereitete Umgebung aus.

Die Nutzer

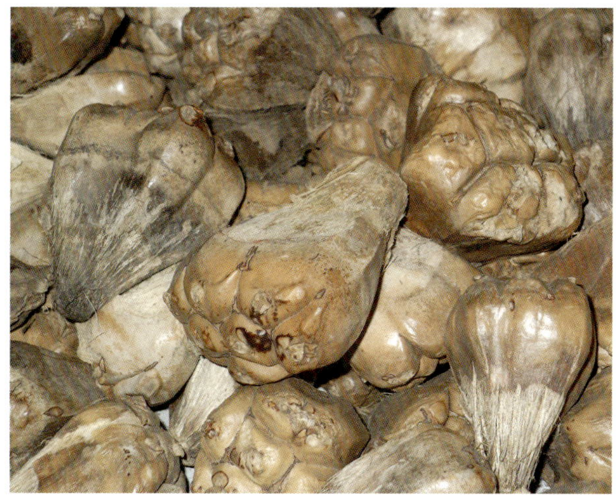

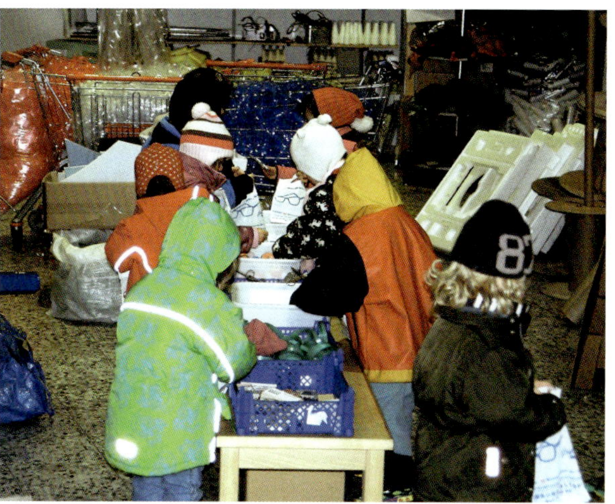

Die Remida steht sozialen Einrichtungen wie Kitas, Schulen und Kulturprojekten offen. Sie versteht sich als Inspiratorin und Schatzkammer. Gegen eine geringe Jahresgebühr suchen Kinder und Erwachsene sich aus, was sie brauchen. So wird der Umgang mit den Remida-Materialien über kurz oder lang zur Selbstverständlichkeit, obwohl es keine Spielsachen sind, sondern Sachen zum Spielen, Forschen, Konstruieren und Gestalten.

Finden, ohne zu suchen

Jeder, der sich neugierig entdeckend durch das Angebot treiben lassen kann, ist in der Remida erfolgreich. Jeder findet Dinge, die er nicht kennt, und kann ihnen die Bedeutung oder Verwendung zukommen lassen, die ihm vorschwebt. Das fasziniert auch die Erwachsenen, die nicht alles kennen, was ihnen in der Remida in die Hände fällt. »Was ist das?« fragt eine Erzieherin. Sie zeigt auf sonderbare Zapfen, die an Backenzähne erinnern. »Ich weiß es auch nicht«, antwortet jemand.

Die Zapfen kommen aus einem Handel für Pflanzenteile, die zu Duftpotpourris verarbeitet werden. Auf den großen Säcken ist zu lesen: »Produced in India«.

Kinder sind im Neuentdecken viel kreativer als Erwachsene, für die eine Tube meist eine Tube bleibt, in die man etwas füllen und die man verschließen kann. Ein vierjähriger Junge hält sie hoch und ruft: »Guck mal, das ist eine Rakete!«

> **Die wahre Entdeckung besteht nicht darin Neuland zu entdecken, sondern die Welt mit neuen Augen zu sehen.**
>
> **Marcel Proust**

Kinder finden andere Dinge interessant als Erwachsene. Sie suchen sich die Materialien aus, die es im Kindergarten nicht gibt, zum Beispiel Aludosen oder Blechstreifen, und freuen sich, wenn sie Objekte aus dem wirklichen Leben finden. Mit Müll hat all das für sie gar nichts zu tun.

Die Remida möchte das »Dazu brauche ich...« in ein »Was kann ich damit machen?« verwandeln. Aus Suchern möchte sie Finder machen, die Brauchbares oder Skurriles entdecken und auf ausgefallene Ideen kommen: »Guck mal, wenn man das hier abschneidet, das hier dranmacht und das umdreht, dann...« Solche Dialoge sind zwischen den Regalen voller Deckel und Dosen, Flaschen und Fliesen, Rohre und Stanzkonfetti immer wieder zu hören. Kommen Kinder in die Remida, geht es noch lebendiger zu, denn sie lassen ihrer Fantasie und Imagination freien Lauf.

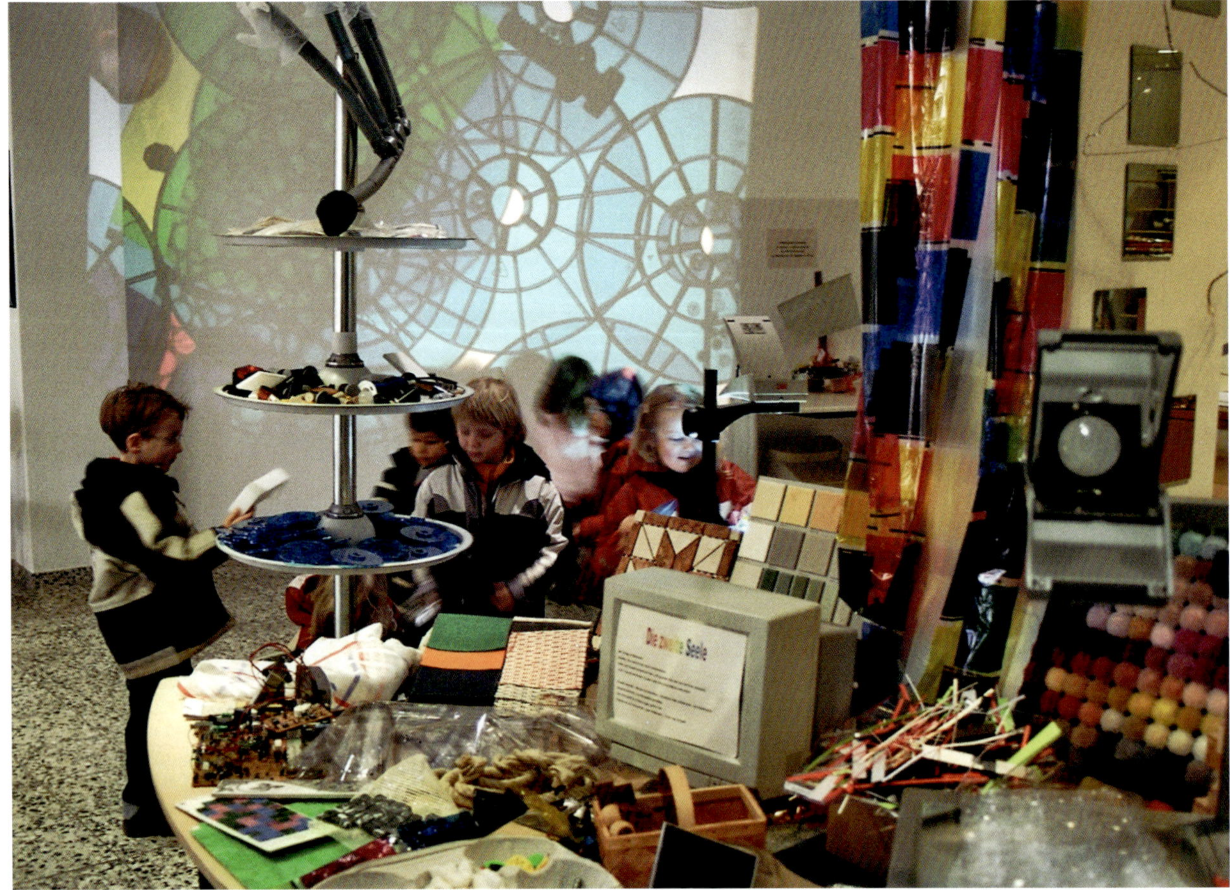

»Wenn man das nicht gesehen hat, kann man es sich nicht vorstellen«, sagen viele Erzieherinnen, denn Erwachsene verbinden mit dem Begriff »Recycling« meist Müll, der dreckig ist und stinkt. Ein Irrtum, der sofort verschwindet, denn in der Remida bauen Kinder fantastische Flugobjekte, und Schüler bemalen Holzformen für ein riesiges Mobile. Farbige Acrylreste schmücken die Bäume für ein Theaterprojekt im Park. Hartschaumplatten werden zu Kulissen für die Modelleisenbahn. Aus Stoffen werden Kostüme für Theaterprojekte mit Jugendlichen. Aus Kartonagen entsteht eine Kästchenbühne. Der Folienschlauch wird mit einer Lichterkette zum leuchtenden Kunstobjekt. Die Verwendung der Dinge kennt keine Grenzen.

Bildung und Weiterbildung

Die Remida in Hamburg ist nicht nur Materiallager, sondern auch ein Zentrum für die Reggio-Pädagogik. Sie beherbergt die gesamte deutschsprachige Reggio-Literatur zum Stöbern, denn viele Bücher sind inzwischen vergriffen, und pädagogische Fachzeitschriften sowie Wirtschaftsmagazine, in denen es um Nachhaltigkeit geht. Auch dies ermöglicht die Begegnung von sozialer Welt und Wirtschaftswelt.

> **Alle Menschen haben die Anlage, schöpferisch tätig zu sein. Nur merken es die meisten nie.**
> **Truman Capote**

Außerdem gibt es immer eine Ausstellung, denn die Kitas haben die Möglichkeit, Werke der Kinder und die Dokumentationen über deren Entstehen zu präsentieren. Darauf sind die Kinder stolz, deren Arbeiten ausgestellt werden, und Erwachsene können sich inspirieren lassen. Was andere Teams machen und wie sie ihre Projekte dokumentieren, das interessiert die Erzieherinnen besonders.

Auch die Ausstellungen des Beteiligungsprojekts von »Jugend-Architektur-Stadt« und von »Kultur & Kleid« fanden reges Interesse und belegten die Vielseitigkeit der Remida.

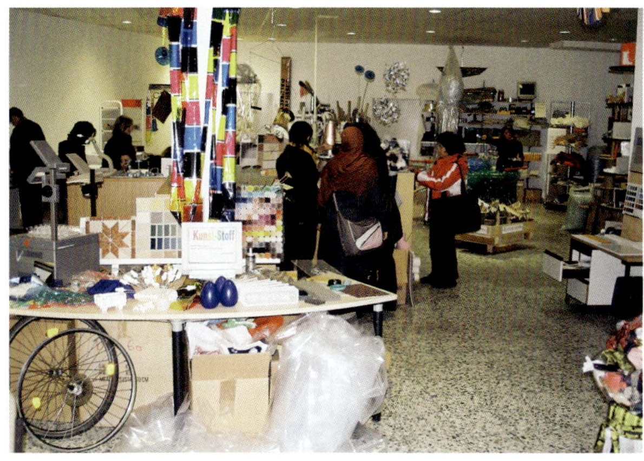

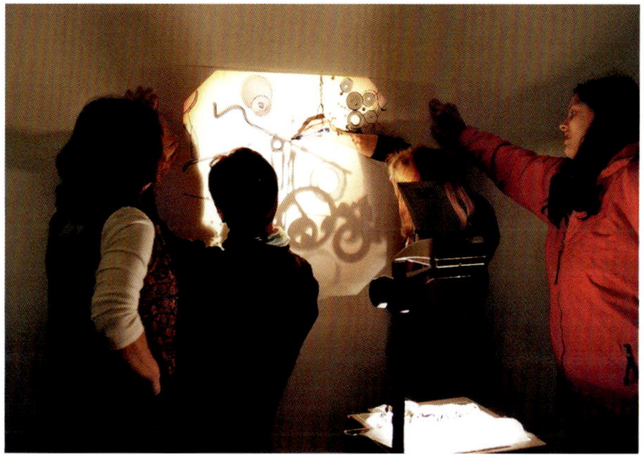

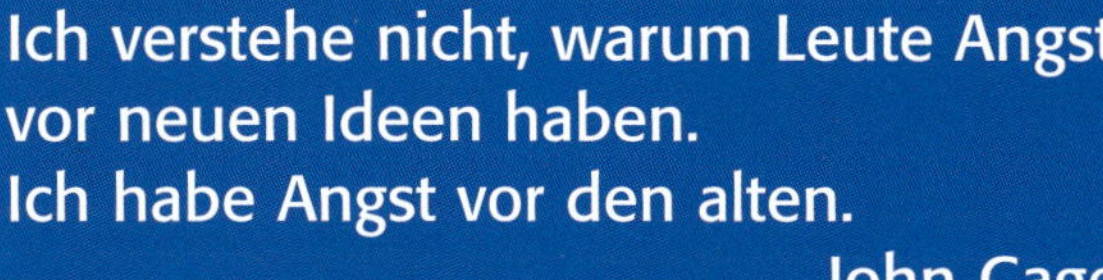

Die Remida eignet sich auch als Seminarraum, in dem man sich zwischen anregenden Materialien befindet, also auf eine vorbereitete Umgebung trifft und ästhetische Eindrücke aufnehmen kann. Es finden abendliche Kurzvorträge und Seminartage zu den Themen »Reggio-Pädagogik«, »Kreativität«, »Vorbereitete Umgebung – anregende Materialien«, »WerkstattLernen« und »Sozialmarketing – die Kunst des erfolgreichen Netzwerkens« statt.

Ein Klassiker ist das Seminar »Kreativität ist mehr als Basteln«, in dem es um die Entdeckung der eigenen Explorationsfreude geht, um das Erleben, wie ein Raum wirkt, welche Verlockungen Materialien ausstrahlen, und um die Auseinandersetzung mit dem Begriff »Kreativität«. Darin die schöpferische Kraft und eine Schlüsselqualifikation zu erkennen, sie selbst zu spüren – das ist ein Erlebnis für die Beteiligten.

Auch für Studierende aus Fach- und Hochschulen, für Kita-Teams, Fachberaterinnen und Vertreter von Kita-Trägern ist die Remida ein beliebtes Exkursionsziel, denn sie erfahren konkret und lebendig, wie sie funktioniert und welche Ziele sie verfolgt.

Eine andere Annäherung an die Remida-Materialien bot das Projekt »Das poetische Recycling-Buch«, in Kooperation mit dem Kinderbuchhaus im Altonaer Museum durchgeführt. Die Inspiration aus dem Remida-Workshop, Verse in Musterbücher zu schreiben, und die Erfahrungen mit dem Materialbuch

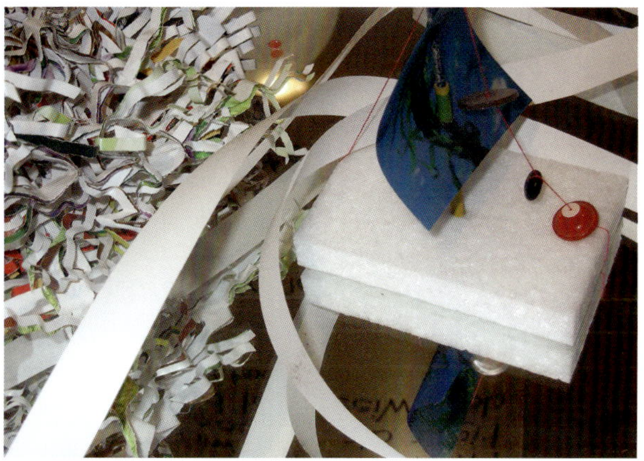

verbanden sich mit literaturwissenschaftlichen Aspekten. Daraus entstand eine Weiterbildung für Erzieherinnen zum Thema »Dokumentation«.

Literaturtipps

Brée, St.: Kunst und Design als kindlicher Bildungsraum. In: Betrifft KINDER, Heft 4/11

Jansa, A.: Das Atelier als Werkstatt der 100 Sprachen. In: Betrifft KINDER, Heft 11-12/11;

Teil 2 des Beitrags in Heft 1-2/12

Reggio Children: Remida Day. Dokumentation über die ersten Jahre des Remida Days in Reggio, 2005

Hubrig, S./Michaelis, C.: Kleine Detektive im Kaufhaus – mit Kindern die Konsumwelt unter die Lupe nehmen. Bildungsverlag EINS, 2011

Küppers, H./Römling-Irek, P.: Die Auseinandersetzung mit der Welt – Praxis und Theorie der reggianischen Projektentwicklung. Bildungsverlag EINS, 2011

brand eins. Wirtschaftsmagazin

enorm. Wirtschaft für den Menschen

oya – Anders denken. Anders leben

Wenn Vielseitigkeit auf Vielseitigkeit trifft

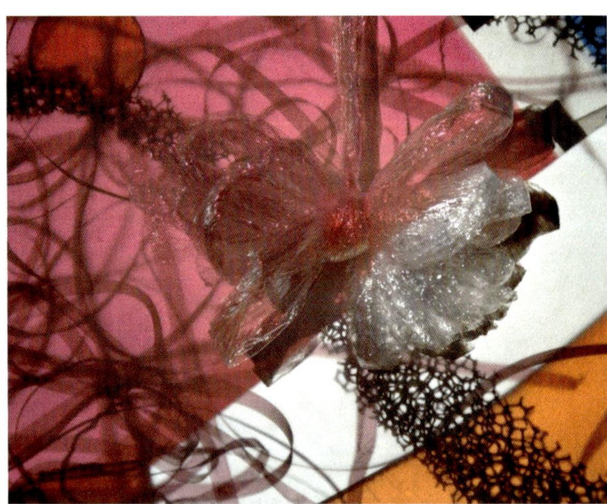

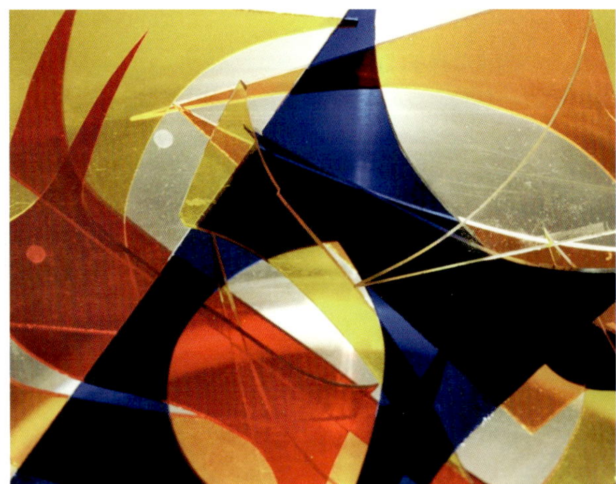

Zwei bedeutsame Tatsachen fallen bei diesem Spiel auf. Genau genommen sind sie so alt wie die Welt, die Vielseitigkeit der Kinder und die Vielseitigkeit der Dinge. Es hat nie ein Zeitalter wie das unsere gegeben, in dem es so viel überflüssige Dinge und Abfall gab. An jeder Ecke kann man kleine Dinge aufsammeln, die nur darauf warten, ihr Leben fortzusetzen und sich durch die Begegnung mit der dennoch intakten Vielseitigkeit zu befreien, durch die Begegnung mit Kindern.

Hier nehmen die wunderbaren Spiele ihren Anfang. Sie entstehen und wachsen aus unerwarteten Dingen und Materialien, werden mittels spontan entdeckter Fähigkeiten zusammengesetzt, blitzschnell kalkuliert und genau ersonnen, die richtigen Maße und Größen finden zueinander, Haltbarkeit und Standvermögen werden gesichert, bis schließlich Formen und Abbilder den verschiedenen Plänen und Intentionen entsprechen. All dies führt zu Projektionen geheimer und persönlicher Geschichten und Wünsche. Da ist zum Beispiel die Blechdose, die, mit Alabasterglas bestückt, einen kleinen Schatz darstellt, oder die seltsame Theaterschachtel, die Bilder wachruft und vermutlich eine versteckte Symbolik beinhaltet, da sind die kleinen Light-shows, die wie ferne Länder aussehen.

Das Wunderbare ist, dass sie wenig kosten und in Reichweite liegen.

Loris Malaguzzi

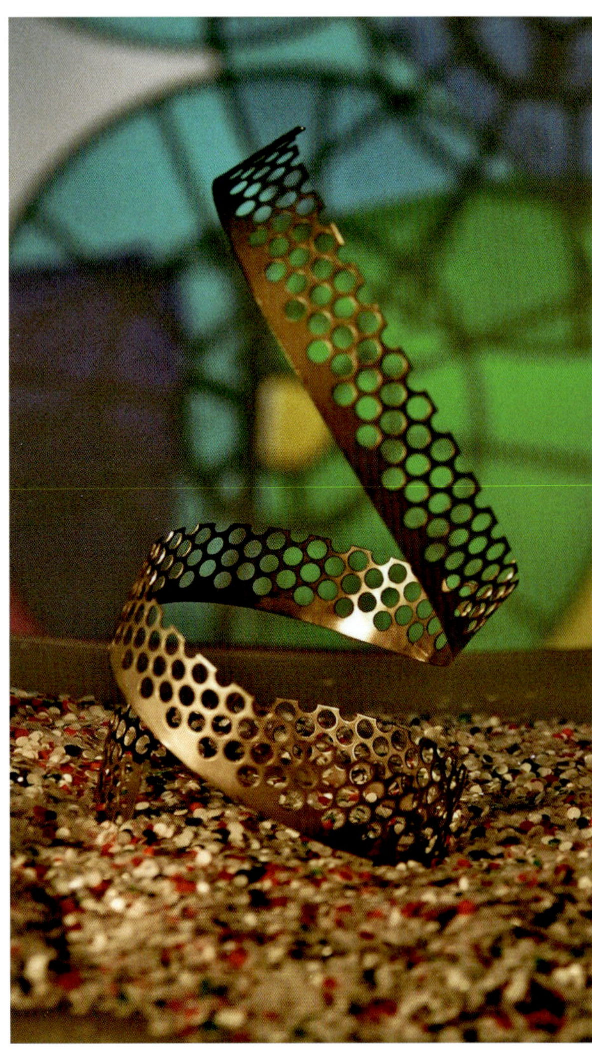

Projektentwicklung

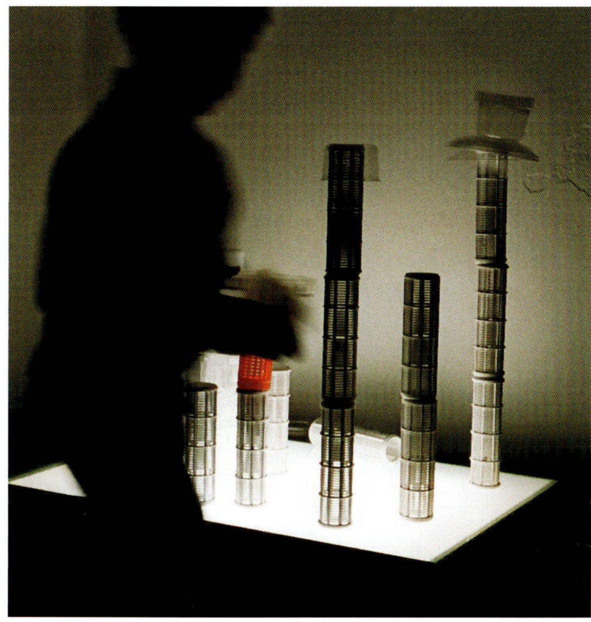

Reggiopädagogik + Fundraising = Remida

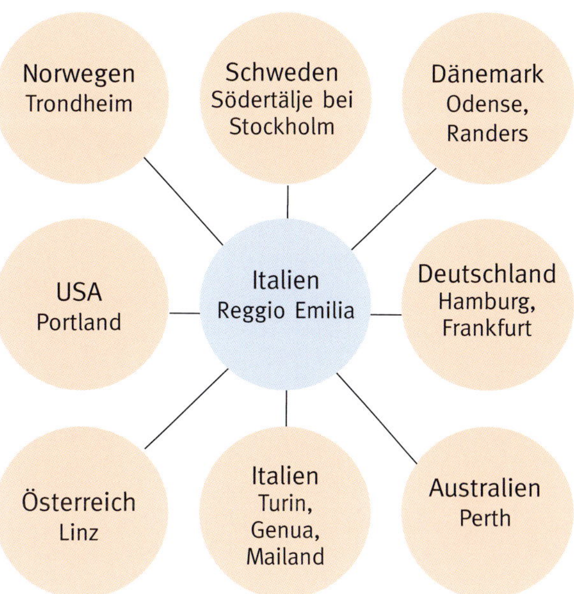

Um diese komplexe Idee umzusetzen, braucht man umfassende Kompetenzen: Man muss die grundlegenden Handlungsprinzipien in den kommunalen Kitas Reggio Emilias kennen und die Fähigkeit haben, Schätze zu heben. Man braucht ein Team mehrerer Akteure mit unterschiedlichen Fähigkeiten und langem Atem für die Öffentlichkeitsarbeit. Berührungsängste mit Menschen aus der Wirtschaft darf man nicht haben. Dafür viel Lust am Netzwerken und eine gehörige Portion Leidenschaft.

Mit all meinen Erfahrungen – seit fünf Jahren leite ich die Remida in Hamburg – unterstütze ich andere Initiativen gern bei der Entwicklung einer Remida. Schließlich geht es in einem Netzwerk um Teilhabe.

Bei den ersten Schritten hilft eine Powerpointpräsentation auf CD. Die Beratung zur Projektentwicklung umfasst Know-how und Erfahrungen mit:

- Öffentlichkeitsarbeit,
- Kooperation mit Firmen,
- Finanzierung,
- Strukturelles und Organisatorisches,
- Kooperation mit Reggio,
- Name und Marke.

Das Internationale Remida-Netzwerk

Die Idee der Remida stammt aus Reggio. Der Name »Remida« ist international geschützt.

Natürlich gibt es in Reggio Ansprüche an die Umsetzung dieser Idee – eine Voraussetzung für die Zugehörigkeit zum Internationalen Remida-Netzwerk. Der Austausch im Netzwerk zeigt jedoch, dass das Verfahren dazu noch nicht einheitlich ist. Das mag historische Gründe haben.

In jüngster Zeit scheint sich in Reggio ein Workshop zur Qualifizierung zu etablieren, der nicht nur ungeahnte Einblicke bietet, sondern auch Wissenswertes zur konsequenten Realisierung einer Remida vermittelt. Er schließt mit einer Bestätigung der Befähigung zum Betrieb einer Remida ab. Diese Urkunde hängt in unserer Hamburger Remida, schön eingerahmt und flankiert von vielen Postkarten der Remida Days in Reggio.

Die Autorin

Susanne Günsch ist als freiberufliche Fortbildnerin tätig. Ihre langjährigen Erfahrungen, die sie als Erzieherin, Diplom-Sozialpädagogin und Fundraiserin in Kitas und bei verschiedenen Trägern sammelte, gibt sie in Seminaren und Teamfortbildungen weiter. Ihr Themenspektrum umfasst »Reggio-Pädagogik«, »Räume und Materialien«, »WerkstattLernen«, »Kreativität« sowie »Dokumentation und Öffentlichkeitsarbeit«. Sie ist der Überzeugung, dass Kita-Teams, auch wenn sie hierzulande nicht solche gesellschaftlichen Bedingungen wie in Reggio finden, ihre jeweiligen Bedingungen nutzen, sie verändern und sich von der Reggio-Pädagogik leiten lassen können – im Interesse der Kinder. Deshalb lädt sie ein, die Hamburger Remida mit dem gesamten Team kennenzulernen. Ob bei einem Kurzbesuch mit vielen Hintergrundinformationen oder bei einer Teamfortbildung zu den genannten Themen – Erzieherinnen und Erzieher werden davon profitieren, wenn sie ihre Entdeckungen und Erfahrungen gemeinsam machen.

Als echtes Nordlicht zieht es Susanne Günsch immer wieder auf ihre Lieblingsinsel Amrum. Dort gibt es eine Strand-Remida: Aus angespülten Fundstücken gestaltet der Künstler Ottfried Schwarz, genannt Panscho, mit vielen Helfern eine wie die Gezeiten dynamische Skulptur – eine wunderbare Verknüpfung von Abfall und Ästhetik. Eine Replik war bereits im Altonaer Museum ausgestellt.

Danksagung

Viele Menschen sind an der Entwicklung der Remida in Hamburg beteiligt. An dieser Stelle danke ich allen Vereinsmitgliedern, Förderern, Sponsoren, Unterstützerinnen, Kooperationspartnern, Zeitspenderinnen, Ermöglichern, Ideen-Gebern und meinem Vater, der sich als Großvater der Remida versteht. Bedanken möchte ich mich auch bei den Menschen in Reggio Emilia und dem Internationalen Remida-Netzwerk für die vielen Inspirationen.

Susanne Günsch

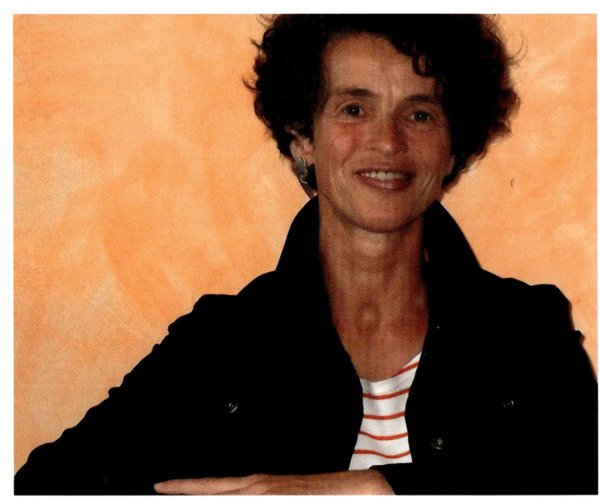

Kontakt

Remida – das kreative Recycling Centro
Am Born 19 · 22765 Hamburg
Tel.: 0176/510 45 798
Internet: www.remida.de

Susanne Günsch
Neuland entdecken!
Fortbildung weit über die Kita hinaus
Reggiopädagogik + Fundraising = Remida
Harkortstraße 162 · 22765 Hamburg
Tel: 040/380 01 84
Internet: www.susanne-guensch.de

Fußnoten aus dem Inhalt

1 Das Kunstwort Remida setzt sich zusammen aus dem Wort Midas – der Name eines Königs aus der griechischen Mythologie, unter dessen Händen der Sage nach alles zu Gold wurde – und Re, einem Kürzel für Reggio Emilia und Recycling.
2 Ein Schokoladenkuchen aus eingeschmolzenen Osterhasen
3 Zu Deutsch: Aus den Themen Reduzieren, Wiederverwenden, Sammeln und Recyceln entsteht ein Projekt.
4 Holm-Hadulla 2011
5 Fließen
6 Aus: Wikipedia
7 Aus: dm-Ideen-Initiative Zukunft
8 Englisch: recycling. Deutsch: Wiederverwertung oder Wiederaufbereitung
9 Aus: Eene, meene Miste, was rappelt in der Spielzeugkiste? Informationen zu umweltgerechtem Spielzeug. Herausgegeben von den Hamburger Bezirksämtern